"強靭化"を目指す企業が
持つべき資質とは？

Change

Readiness

SAPジャパン
スペシャル・ミッション・エグゼクティブ
松井昌代 監修

プレジデント社

はじめに
変革を当たり前にするために
意識すべきことは何か

　SAP Innovation Awards。SAPは、世界中のお客様やパートナー様にお声がけして、弊社製品を活用して企業や社会の変革を成し遂げた取り組みを規定のフォームでまとめてもらい、提出をお願いしている。例年、3桁の数のエントリーがSAP Innovation Awardsのサイトにアップされる。募集が締め切られたのち、約2カ月かけて、弊社社内外の有識者によって、その年の受賞カテゴリーに合わせて審査され、結果は毎年4月に発表される。そしてマーケティングイベントSAP® SAPPHIRE®で表彰するという、恒例の流れだ。これまで上梓した『Beyond 2025』『Hope for tomorrow』『Do it!』(いずれもプレジデント社刊)でも、海外の取り組みのいくつかは、都度直近のSAP Innovation Awardsを受賞した取り組みを深掘りして紹介してきた。

　2022年はSAP創業50周年を祝い、従来より5つ多い25の取り組みを表彰。いずれも、それぞれの企業や組織が、自らの特性、置かれている環境・市場・顧客のほか、この先の動向も踏まえて具体的に策定した方策に基づいて継続的に推し進められている。

出典：SAP Innovation Awards 2022 News Release

　そこには明確な意思があり、組織や人の改革と並行して確実な情報システムを構築し、チェンジマネジメントによって当初の目的を果たして強靭になった受賞者たちが、夢物語でない未来を私たちに想像させてくれる。しかも2022年は、過去にも受賞実績がある企業が複数見られ、特定の業界から複数企業が受賞。業界や業務を総花的に網羅した感が全くないことにリアリティーがあった。どの業界のどの企業でどんな変革が進んでいるのかを、より深く知りたいと考えたとき、取り組みだけでなく、その根拠としての企業風土や文化を知りたくなり、そこで本書のテーマを「変革受容性」とした。

本書の特徴

　前著『Do it!』よりもさらに一つひとつのコンテンツの内容を高めている。

- 取り組みの内容に沿ってグルーピングした4章立て
- 長編ながら、わかりやすさを追求した3本の対談および座談会を各章の間に配置
- 最後に、取り上げた海外企業の特徴を定量的に可視化した分析

　章立ては、お読みになる方が直面されている課題にフォーカスしている。

① **前へ前へ、変革の道を歩み続ける**

　コロナ禍前のSAP Innovation Awards 2019を受賞。3年後2022年に再び受賞した、もはや変革が通常業務の一環のような企業の風土と取り組み

② **社会ごと変えていくために**

　企業単体では、あるいは一人ひとりでは、まだまだ直接的な行動に結びつけるのが難しい気候変動問題に、正面から向き合った企業の風土と取り組み

③ **過去を学びの礎として未来へ羽ばたく**

　多くの人々の先入観ではコンサバと見られがちな企業や組織での、それを覆すような取り組みによる、コンサバからの脱却のヒントを抽出

④ **チームニッポンの確かな歩み**

　海外と日本を対立軸で捉えることはナンセンス。そ

のうえで、日本固有の歴史や文化に根ざした変革の取り組みからの取りかかりやすいヒントを抽出

SAPジャパン執筆メンバーによる海外企業の取り組み紹介に加えて、今回は、お客様企業5社、パートナー企業2社に多大なご協力をいただき、伺った内容は、弊社執筆メンバーがまとめている。

合計17の取り組みはすべて現在進行中であり、「完了」というステータスのものは一つもない。だからこそ、むしろ読者の皆様には、それぞれの取り組みの今後の動向にご興味を持っていただくきっかけとなることを、これまで以上に意識した。

従来と同様、その取り組みの紹介動画があるものは、二次元コードによってご自身のスマホで動画サイトにアクセスし、ご覧いただくことができる。

海外企業の取り組みはすべて公開情報に基づき、日本国内の取り組みについては、記載内容をすべて取り組んだ企業にご確認いただいている。

今回の執筆・監修を通じて、企業や組織としての「変革受容性」だけでなく、企業や組織の基盤である個人の「変革受容性」に思いを馳せるに至った。

結果として「自分」という個人のことにも。勝手ながら、読者の皆様にも我々同様の想いを抱いていただくことを願っている。

Contents

Contents

前へ前へ、
変革の道を歩み続ける

Prologue

この章でお伝えしたいのは、「歩みを止めないことの凄みと価値」である。SAP Innovation Awards 2022では、2019年に受賞した企業のうち6社が2度目の受賞をしているが、この章ではそのうちの4社を取り上げる。

この4社に共通するのは、2つ。

- 企業戦略と平仄を合わせた、実現までに長い時間を要する覚悟を決めたグランドデザインありきの姿勢
- 2019年の取り組みによる確実な成果を上げた上に、2022年にさらにその範囲やレベルを上げたことで確立した他の追随を許さない企業価値

顧客のニーズにフォーカスして、もはや一般的な物流サービスの枠組みやイメージを越えた物流企業Schnellecke Logistics（ドイツ）。グローバルレベルのビジネスオペレーションの可視化を実現した通信会社Verizon（米国）。企業価値の向上に先進的なデジタル技術の活用を躊躇しないことで躍進する自動車部品メーカーMartur Fompak International（トルコ）。多様性に富み、急成長する東南アジア市場で、未来を支える若い世代の声をビジネスに取り入れるヘルスケアサービス企業Zuellig Pharma（シンガポール）。

これらの企業の先進的な取り組みからの示唆を得る方法はただ一つ。業界や規模と自社との違いを言い訳にしないことだ。

顧客と共に進化し続ける、物流サービスの新たなカタチ

従来のサービスの垣根を超えることを価値創造と捉え ブレイクスルーしたドイツ物流企業の独自アプローチ

「Being the most reliable partner, we continuously take your logistics to the next level（最も信頼できるパートナーとして、お客様のロジスティクスを常に次のレベルに引き上げます）」

これは、自動車部品を中心とした物流サービスを展開する Schnellecke Logistics（以下、Schnellecke）が、自分たちの強み（Value Proposition）を表現したものだ。

初めは、物流倉庫やセンターに関わる業務の自動化などを想像したのだが、彼らの取り組みは、従来提供している物流サービスの効率化ではなく、顧客の業務プロセスの効率化にアドレスした内容だった。しかも、多くの物流サービス業が、自身が提供するサービスの差別化に苦戦する中、彼らが「物流プロセス」という枠組みを超えたサービスデザインを発想できていること自体が驚きだった。

組み立て加工プロセスを持つ自動車業界では、各サプライヤーが全体の生産プロセスと同期させて部品を供給する。しかしながら、企業を跨いだ状況把握ができず、両社ともに JIS（Just-in-Sequence）のサービス品質を上げられずにいたという。そこで Schnellecke は、

企業間のビジネスプロセスを同期させ、潜在的なボトルネックを事前に特定することで、生産現場での需要を正確に満たせるようにした。つまり、彼らは顧客の生産プロセスの最適化に寄与するサービス提供を始めたのだ。

Schnelleckeを調べ始めると、以前から最先端のテクノロジーを使用し、顧客のビジネスプロセス変革に挑み続けていることがわかった。今回が2019年に続く2回目の受賞だが、その挑戦はコロナ禍でも歩みを止めずにいたようで、これは驚きでもあり、納得できることでもあった。

Schnelleckeの最新状況

「We have now advanced to become one of the top suppliers（私たちは今、トップサプライヤーの一つになるために前進しました）」

―― Jalal Boulaghmal, Vice President of Sales & Business Development

Schnelleckeは、世界中に70以上の拠点と約17,000人の従業員を持つ世界有数の物流サービスプロバイダーの一つであり、輸送・倉庫から梱包・組立・供給までのさまざまなサービスを提供している。そんな物流サービス企業が工場を持ち、工場内では50台以上の白いロボットが、聞こえないメロディーに合わせてバレエを踊るように稼働している。そして現在の姿を

理解するには、彼らの歴史を少し紐解く必要があるだろう。

　1939年に家具輸送から事業を立ち上げ、第二次世界大戦と、それに続く苦難に満ちた戦後を生き抜いて、1965年にフォルクスワーゲンの地域輸送を開始。その後、長距離輸送、国際輸送と順調にサービスの展開地域を拡大していった。折しも自動車需要が高まる中、1985年に事前組み立て、シーケンシングなど従来サービスの枠組みを超えた価値を、パイロットプロジェクトを通じて模索し始める。このプロジェクトの成功が、自動車部品輸送以外のビジネス領域にも事業を拡大するきっかけとなった。1994年には、新たに組み立て加工工場を買収し、その翌年には車体部品製造のための子会社を国内外に設立するなど、今では自動車部品のサプライヤーとしての顔を持つ企業になっている。

　それは、これまで培ってきた生産から物流サービスまでのロジスティックプロセスにおける課題解決能力を、デジタル技術を活用したソリューションに反

Schnelleckeのコーポレートイメージ
出典：SAPジャパン

映させて、縦にも横にも展開可能にしていることによって成し遂げられた。

　この歴史を振り返ると、「従来サービスの枠組みを超えた価値を模索し始めたこと」が転換期だったのは間違いない。ただ、このような大きな判断を躊躇なくできたのは、冒頭の"お客様のロジスティクスを常に次のレベルに引き上げる"という宣言通り、顧客とともに自分たちも進化・変化し続けることが、当たり前のこととして浸透していたと考えられる。

　ここからは、SchnelleckeのIT戦略に触れながら、2022年に受賞した内容を紹介していきたい。

SchnelleckeのITとデジタル化

　物流サービス業は、荷主企業からのコスト削減プレッシャーが強く、自身のオペレーションコストを下げるための省力化と自動化を推進せざるを得ない。また、サービス品質を差別化要素にしようにも、有能な人材の確保が年々難しくなってきている。この状況を打破するために、Schnellecke は「デジタル技術という商材」をいかに効果的に使うかが難局を乗り切る唯一の手段と考え「Schnellecke Mission Control（SMC）」プロジェクトを開始した。

　このプロジェクトは、社内業務の省力化、自動化などを目的とした独自ソリューション群を包括的に利用できるようにするフレームワーク（"Schnellecke iX+"）として開発され、AGV（Automated Guided Vehicle）やロボッ

トなどの自動制御も含む壮大な構想だ(図①)。この中心に位置するのが、企業を跨ぐビジネスプロセスをコントロールする「Digital Control Tower(DCT)」で、プロセス全体の可視性を確保するだけでなく、プロセス内イベントの早期検出や予測をすることで、プロセスフローの動的な最適化を担う。

そして彼らは、「理想の実現には、まだ多くの作業が必要だ」と語る一方で、「しくみ自体を展開可能にできたことは画期的」とも表現している。その理由を想像するに、彼らの目指すデータドリブンの世界観を展開可能にした前例が他には見当たらなかったからのようだ。

図①　Digital Control Tower サービス

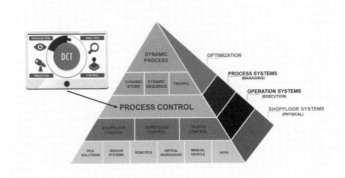

出典：SAP Innovation Awards 2022 Entry Pitch Deck

通常、企業間のデータ連携にはEDI（Electronic Data Interchange）などが用いられ、専用回線などを通じてネットワーク経由で標準的な書式に統一された発注書、納品書、請求書などのビジネス文書が電子的に交換されるのだが、今回実現したいサービスには、次元の異なるレベルの性能が要求された。

"JIT（Just-in-Time）"に代表されるように、自動車業界の生産プロセスには時間的制約があり、ライン停止を回避するために、部品やアセンブリはピンポイントの精度で組み立てポイントを移動させる必要がある。

つまり、顧客の生産プロセスと完全に同期させる必要があり、そのためには、高速かつ信頼性の高いプロセスフローの制御が求められた。

「Ford in South Africa has completely different software than Ford in Europe, and Volkswagen also has major differences between Europe and the USA（フォードは南アフリカとヨーロッパでは全く異なるソフトウェアを使用しており、フォルクスワーゲンもヨーロッパとアメリカで大きな違いがあります）」

——*Tobias Streich, Head of the Corporate Data Integration Competence Center at Schnellecke.*

顧客／拠点ごとに異なるシステム・ITランドスケープを余儀なくされても、サービス品質に対する顧客の要求は高く、企業を跨ぐビジネスプロセスでリアルタイムでの可視性を確保し、プロセス内の非効率

を排除することが求められた。

　顧客の要求を満たし、複雑なITランドスケープを吸収できる方策と、そのサービスが展開できる運用効率を達成した結果、マネタイズできたサービスモデル。長年三重苦に取り組み続けてきたSchnelleckeだけに、今回このハードルをブレイクスルーできたことが「画期的」という表現になったことは想像に難くない。

データドリブン・ロジスティクスの実現

　開発に当たってはデザインシンキング手法が用いられ、社内の従業員だけでなく関係する社外のステークホルダーへのインタビューから開始された。このインタビューでは、現場の持つ経験値やノウハウ、新たな要望が抽出され、並行して進められていたビジネスプロセスおよび情報フローの分析結果とともにコア機能となるDCTのコンセプトがつくられた。

　それらの内容をプロトタイピングにより繰り返し評価され、3つの機能が実装されることになった。

① プロセス監視

　以前はプロセスを実行するのに15～20ものマニュアル作業が発生し、最大2時間を要していた。加えて、デビエーション（顧客の仕様要求から外れること）を把握するのが難しく、原因の特定、対策の定義および対策の有効性確認までに最大3週間の時間がかかって

いた。

　システム稼働後は、実行プロセスのリアルタイム把握が可能になったことで、プロセスフローのどこに問題があるかをすぐに確認できるようになった。たとえば、部品が足りずにピッキングできない場合、補充不足なのか？　または入庫タイミングが遅延しているのか？　などの理由が表示される。

　このように、プロセス上のデビエーションがすぐに検出でき、その対策やその有効性を追跡して検証できるようになった。

　また、プロセスフローの連動により、マニュアル作業が大幅に削減され、全体プロセスを通じて大きく生産性も向上しているという。

②　インシデント管理

　インシデント発生時の文書化をサポートし、報告の手間を最小化することを目的に実装された同機能では、今回スマートフォン、タブレットやスマートウォッチなどすべてのデバイスから利用できるようにした。

　以前は、従業員がコントロールセンターに電話して、フォークリフトの技術的な問題、配送場所や保管場所の誤りまでさまざまなインシデントを報告していた。そのため、インシデントが報告されずに、問題だけが修正されることが多かったという。

　稼働後は、通知者がスマートフォンやタブレットで簡単な説明と問題の写真を撮って送るだけで、シ

ステムで自動的に文書化される。多くのマニュアル作業が削減され、プロセス全体が高速化されただけでなく、インシデントはすぐに評価されて、プロセスフロー上のどこに問題があるかを特定できるようになった。

③　シフト管理

現場では、ひとりがタイヤをピックアップし、もうひとりがフォークリフトを操作するなど、従業員ごとにシフトが割り当てられている。ここでの問題は、単調作業とストレス作業などの仕事配分の不均等と、作業シーケンスごとにフル稼働状態とアイドル状態が生じてしまうことだった。

そのため、従業員情報とプロセスフローの稼働状況を組み合わせることで、これらの問題を解決することにした。事前に、従業員の持つ資格によりシーケンスを決定し、ピッキングゾーンの状況に基づき、どの従業員をどのシーケンスに割り当てるかをリアルタイムで決定する。

たとえば、あるシーケンスで人員が不足している場合、余力のあるシーケンスから従業員が割り当てられる。これにより、ワークロードのバランスが取れるようになった。

社内に目を向けると、以前のような可視性の欠如による多くの時間と労力の浪費は、効率的なプロセス、情報に基づく意思決定、積極的な改善行動に取って

変わってきている。また、顧客と相互利用ができることで、運用指標に関する共通理解が生まれ、企業を超えた参加者間のコミュニケーション促進が図られているという。

　過去の取り組みでブレイクスルーできなかったのは、テクノロジーの劇的な進化による阻害と、課題についての共通認識の醸成だった。今回、初めて使ったデザインシンキング手法を用いて正しい問題を特定 (Problem Finding) するアプローチによる成果も大きいと語る。

　これまでのフィードバックも全体として非常にポジティブで、中国と南アフリカを除き 2022年末までに世界中のすべての Schnellecke サイトで展開される予定だ。

協業パートナーとしての SAP

　SAP を選んだ理由には、既存の SAP ERP やサードパーティアプリケーションとの接続性などの技術点のみならず、デザインシンキング手法などを用いたイノベーションに対する標準化されたアプローチにより、共創から実装までを伴走できるパートナーとして大きく評価していただいている。

　技術的には、DCT の基盤として SAP BTP を採用し、プロセス監視などのコア機能を実装している。また、SAP HANA® と SAP Integration Suite の機能を使用

し、さまざまなシステムやデバイスと接続させ、リアルタイムでの情報フローを実現している。

　顧客の中には自社システムに直接繋ぐことに消極的なケースもあったため、その場合はJavaベースのロボティック・プロセス・オートメーション（RPA）ボットを顧客と協働で開発し、迅速かつ簡単に転送できるようにしている（図②）。

Schnelleckeの取り組みからの示唆

　現在、コア事業に成長した自動車業界向けの新たなサービスは、1985年に従来の枠組みを超えてアセンブリ機能を持つことの英断で始まった。

図② Digital Control Towerアーキテクチャ

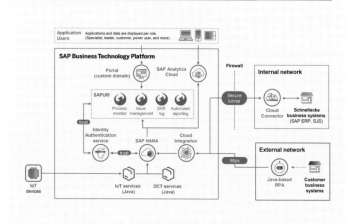

出典：SAP Innovation Awards 2022 Entry Pitch Deck

　ただ、この彼らの選択は、英断というよりは、顧客が求めるモノ（ニーズ）に真摯に向き合い、その問題を一緒に解決してきた結果でしかない。

　突き詰めると、顧客が求めていたのは物流の効率化ではなく生産プロセスの最適化だった。

　であれば、ピッキング、事前組み立て、それらをコントロールするシーケンシングまでの機能を持った方が貢献しやすいし、全体をコントロールできれば従来の強みも活かせると考えたのだろう。今では顧客中心主義と表現されることも多いが、そのことが日常の営みとなっている彼らにしてみれば、当たり前の判断をしたに過ぎないのかもしれない。

　別の言い方をすると、Schnellecke は、顧客のニーズにアドレスし、（顧客側プロセスを含む）ビジネスプロセス上のニーズを探索することで新たなサービスのアイデアを共創している。つまり、彼らは顧客を深く観察することによって、サービス化のアイデアを得て、顧客が合意できるアウトカムを見つけ出し、顧客を巻き込んだサービスを協働している好例だ。

　まだまだ DX プロジェクトにおいて何をするかを模索する企業が多い中、自社が提供する価値を考える前に、顧客の解決したい問題にアドレスしてサービスアイデアを考えている Schnellecke のやり方を、方策の一つとして試してみるのはどうだろうか。

文：SAPジャパン **土屋貴広**

Verizonが挑み続けた、全社を巻き込むプロセス改革

サプライチェーン改革構想から実現まで
事業サイロを乗り越えるために登ったステップ

日米のような大きな人口を持つ国の通信会社は、高い品質で一国全土にサービスを提供するための規模が必要になる。しかしながら組織が肥大化することで、業務の管理が難しくなり、管理対象を分けることで個別組織のサイロ化が起きがちである。それでも、自社の複雑さと組織の分断を超えて効率性を高めることが成長には不可欠である。

ニューヨークに本社を置く米国の通信企業Verizonは、従業員15万人規模の大企業であり、企業規模に起因する課題を恒久的に解決するために、事業改革を長年にわたって実施してきた。

業務プロセスの整理を行って組織間のサイロを取り払い、デジタルデータの利活用によって透明性を高めることで、事業の可視化を進めている。

AIを活用したサプライチェーン改革

これらの施策には、あらゆる業界の大企業へのヒントになると思われる点がいくつもある。まずは2022年にSAP Innovation Awardを受賞した改革の事例から

紹介したい。

　携帯電話契約を行う「通信キャリアショップ」は、通信会社の回線契約を維持拡大する最前線であり、顧客に対する通信会社の顔である。ここにもさまざまな業務があり課題がある。顧客フロント業務として、慣れないユーザーに端末機器類の使い方をサポートし、サービスの苦情の対応もする。日々変わる携帯サービスの契約は複雑であり、個人情報をはじめとした種々の規制に縛られながらの事務作業は複雑で膨大となる。スマートフォン端末の販売はそのうちで最も重要な業務であり、日本でも米国でも、キャリアショップは、数千億円規模の端末サプライチェーンの末端として、需要予測・仕入れ・在庫管理などを行っている。

　読者の方々がすでにご存じのように、従来よりもスマートフォン端末はバリエーションが増え、ボディカラー、メモリ容量、カメラ性能、使えるSIMの枚数などさまざまなスペックで販売されている。近年、キャリアショップを訪れるユーザーの多くは、インターネットで調査し、狙いの機種をピンポイントで定めて来店することが多い。そんなとき、希望機種の欠品があると、ユーザーがキャリアを替えるタイミングになりがちであり、キャリアショップにとっての大きなリスクとなる。10万円を超える端末代金と2〜3年の契約がふいになり、機会損失は日米どちらでも20万円を超えるであろう。顧客の解約は、キャリアショップにとって最大の痛手である。

　個々の店舗で売っている端末の在庫切れは、通信会社にとって切実な問題である。しかし、すべての機種について余裕のある在庫をそろえると、当然のことながら売れ残ることもある。読者の皆様は、少し旬を過ぎたスマートフォン端末の、特定のスペックの特定の機種だけが、ずっと安売りになっているのを見たことがないだろうか？　当然、需要を読んで在庫を調整する必要がある。ただ大企業はこういった当然のことが、どういうわけか弱いところがある。

　各店舗はスプレッドシートなどで端末の売れ行きを正確に記録して、店舗管理部門を通して本社に報告する。本社の事業計画部門は、これらの情報や新製品の評判などのマーケットの情報を集め、将来の需要を分析して販売計画を立案する。調達部門は、計画に基づいて端末メーカーとの調整・交渉を行い、調達量を決める。続いて店舗管理部門が各地域への供給計画を立て、地域ごとあるいはチャネルごとの在庫が必要十分になるよう在庫計画を調整する。いくつもの計画があり、やっと現場であるキャリアショップに端末が届くのだが、関わるどの部門も、共通して恐れるのは顧客の解約。無駄な在庫など誰もつくろうと思っていないが、自部門の計画で端末が足りなくなる事態が生じないよう、マージンをつくってしまいがちである。まるで追い打ちをかけるように、昨今の半導体払底が常に端末が足りなくなる状況をつくっている。スマートフォンの売れ行きのピークは新発売から2〜3週間といわれるが、各部門が「念のため」と言い出す

ことで、数週間分の在庫が余分に計画されることがままあるそうだ。各部門は常に忙しく立ち振る舞うが、そのコラボレーションは決して上首尾に進んでいるとはいえない。

Verizonは、2020年の時点で1億8千万加入のモバイルユーザーにサービスを提供している。全国1,500店舗を超えるVerizonショップを通じた、毎年数千万台の端末販売の成果だ。端末の調達コストは年々増加して、2022年には300億ドルを超えた。端末在庫の最適化は最重要の課題となっていた。

SAPが提唱するエンドツーエンドでのビジネスプロセスの改革がここで登場する。次ページにシステムアーキテクチャを示す。

複数の部門でつくる事業計画・販売計画・調達計画・配分計画などの計画数値を、SAP Integrated Business Planning（IBP）1カ所にまとめ、管理することにした。この計画に基づいて、調達部門がERPを用いて端末メーカーに発注する（この時点ではSAP S/4HANA®とSAP ECCの2つが共存している）。これらをそれぞれの店舗や地域ごとの倉庫に配分する必要があるが、販売データを元にした配分計画に基づいて、地域・店舗までの配送を自動化した。

この配分計画は、販売データをSAP Customer Activity Repository（CAR）に集約し、各システムで活用することで透明性を持って立案できるようになっている。さらにこれら一連のプロセスを統合し、すべての部門から業務の流れを見えるようにした。このた

め、SAP Business Technology Platform（BTP）上にワークフローアプリケーションと、分析ダッシュボードを作成している（図①）。

　担当者は、あらゆる時点の計画をダッシュボード上で確認しながら、自動化されたプロセスで、発注・納品・販売などを管理する。かつてスプレッドシートで作業をしていた頃よりも、格段にシンプルな業務になり、全体を見渡すことができるようになった。また、担当者がマニュアルで実践してきた、キャンペーン管理やトレンド分析などによる売上最大化のための評価分析も、新たなプロセスに組み込むことで、フレキシブルな対応も可能になった。

　これら一連の業務プロセスによって、Verizonは全米のすべての店舗におけるすべての製品について、各店舗で欠品も過剰な在庫もない状態を目指し、運用の精度を高めている。

図①　システムアーキテクチャ

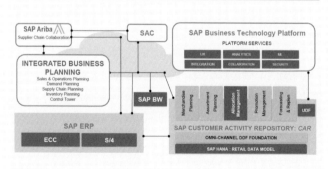

出典：SAP Innovation Awards 2022 Entry Pitch Deck

　何よりも大きな効果は、従来の組織を超えたアクティビティの統合化だろう。Verizonが行ったことは、通常、上からモノを言いがちな本社事業計画部門も、時間稼ぎをしがちな調達部門も、情報を隠しがちな現場オペレーション部門も全員が同じ土俵に立って仕事ができる、可視化の実現だ。

　すべての部門が新たなシステムアーキテクチャの中で、同じデータを使って一貫した活動を行う。この取り組みの効果をVerizon自身は下記のように評価している。

■ 標準化および自動化されたプロセス

- 一つのプラットフォーム上でのすべての部門が一貫した活動を実現
- ITによる強力な業務支援
- 機械学習/AI/高度な分析による効率化
- 不測の状態を予測するシナリオ作成能力

■ コラボレーションの増加

- Verizonとサプライヤー間で計画値を共有して、端末の流通を最適化
- 一つのシステムで在庫全体を最小化
- ワークフロー管理による社内連携の強化

■ サプライチェーンの可視化

- サプライヤーと配送のデータ統合で、個々の端末をトラッキング
- リアルタイムダッシュボードとレポート
- Verizonネットワーク全体でSAP IBPを使用し、複数の階層での在庫の安全性管理

■ 収益の最大化

- 修理などの作業にレコメンデーション生成
- データ分析で、補充の輸送コスト削減

■ 予測変動を体系的に管理する能力

■ 店舗レベルでの詳細な予測

　また、標準化されたプロセスにはAIを組み込み、先行指標の提示によって、すべての部門が先回りして判断・業務遂行できる環境を提供している。目的は、これまでバラバラに動いていた部門の相乗効果による収益の最大化である。このAIの開発については、通信業界の団体TMForumにおいて評価を得ている[1]。

　Verizonが行ったのと同様の自動化を、小売り部門を持つ世界の事業者の多くが目指しているだろうが、これほど広い範囲で業務プロセスを統合し、システムによってカバーされた例は多くないだろう。

Verizonの調達改革

　しかし、従来の組織のあり方を変えるような統合にいきなり着手するのは容易ではない。この環境をつくり上げるためには、基盤となる調達業務自体を標準化し、システム化する必要がある。

　大企業だけに調達の規模は大きく、取引先も多く、その業務は複雑である。調達するのは、一般間接材に加え下記のようなものがある。

● 顧客向けの端末や機器

- 通信設備やシステム資材
- 上記に関する工事・保守業務
- 契約・派遣社員などの外部人材

　これらの調達総額は、2019年には500億ドルであり、さらに年々増加している。端末のSKUは55,000件。無線アンテナなどの設備は全米32のエリアに総額170億ドルで発注し、1,000件のネットワーク設備工事プロジェクトによって構築される。Verizonは、このような膨大な調達の状況を見越し、10年以上前から調達改革に取り組んでいた。この長年の取り組みについて、Chief Supply Chain OfficerのJohn Vazquez氏が2020年のAriba Liveにおける講演で語っている。

　2012年よりSAP® Ariba®の導入によって、全社の調達プロセスの統合化を目指した改革を実行した。まずは本社での試験導入後、グループ各社でこれまでに使ってきた14の発注関連システムを一つずつSAP Aribaに移行し、SAP ERPを中心としたプラットフォームにつなぎこんでいった。さまざまなプロセスが混在していた調達購買業務を、最終的に3つのプロセスに絞り込むことで、この領域における圧倒的な効率化を実現した。現在、SAP Aribaを介して購買している物品は全調達額の半分程度の約250億ドルにおよび、1,500人の調達部門で数百万件の発注から支払いまでを行っている。統合化されたシステム環境によってサプライチェーン全体の可視化が進み、ロジスティクスとの連携によって、在庫も正確に把握できるようになった。さらにネットワークの機器メーカーなどのサ

031

プライヤーとのコラボレーションも容易になり、調達全体のガバナンスを実現できるようになった。現在は、調達におけるカーボンフットプリントを調査し、管理することに取り組んでいる。

　さらにその前から始めた改革が、人材調達の標準化である。2006年から手がけたこのプロジェクトでは、複雑な工事やプロジェクトの要件から、人材に対する要件を抽出し、スムーズに発注すると同時に、要件にマッチした人材を最適化されたコストで雇用する。Verizon Wireline社の配下に調達業務を行うシェアード子会社をつくって、業務プロセスを標準化することでこの改革を達成し、その後全社展開した。この調達プロセスをシステム化するにあたって、ベンチャー企業と共同で開発していったソリューションが、現在のSAP Fieldglass®となった。

　Verizonは、端末のような物品、設備工事のようなプロジェクト、そして、人材とあらゆる調達のプロセス

Ariba LiveによるVerizon講演
出典：SAPジャパン

を標準化し、グループ企業で統合化していった。

　しかし、プロセスを標準化したからといって、型にはまらないものを切り捨ててきたわけではない。無線基地局は、数千から時には1万点を超える部材を、個々の基地局建設に合わせて、タイミングよく的確に工事現場に配備し、工事要件などの細かい条件変更などにも対応する必要がある。5G基地局部材にはさまざまなものが含まれるため、在庫の管理も複雑である。現在進めている工事の状況と在庫の適切な関係を分析することで、過剰在庫などの問題が起こることを回避している。また、調達部門は単にスムーズな調達活動に寄与するばかりでなく、毎年数十億ドルのキャッシュをつくり出していると、前出CSCOのVazquez氏は力説している。

Verizonの One ERPプロジェクト

　2019年に刊行した『Beyond 2025』で、VerizonのOne ERPプロジェクトを紹介した。5Gによる社会変革を推進する上で、各事業会社を一つにまとめて、数多くの事業パートナーへさまざまなサービスをよりフレキシブルに、素早く、効率的に提供する必要が求められた。しかしVerizonグループは、事業会社ごとに経営基盤のERPが分かれており、各事業のデータもバラバラであった。そこでVerizonは、マスタデータの整理統合、ERPの統合をてこにして、業務プロセスの改革を進め、すべてのグループ企業が一つのプラット

フォーム上で経営できる環境をつくった。この大規模な改革One ERPでは、事業計画の統合"One Planning"イニシアチブも推進している。

　膨大な数の設備、顧客、請求書などを扱う通信会社にとって、ボトムアップで積み上げる事業計画立案は、多大な人員と稼働を投入する一大事業だ。同時に部門間の予算の取り合い合戦にもなる。冒頭の端末サプライチェーンの計画のように、各部門の齟齬が無駄を生む場合もある。Verizonは、このOne Planningによって、今後の計画立案作業を省力化し、透明化するプラットフォームを構築した。事業計画立案における各部門の綱引きは不要となり、透明性のあるプロセスで業務全体を俯瞰的に推進することで、圧倒的に作業量が減る。目まぐるしく変わる市況に合わせて、随時、事業計画のアップデートをすることも可能になる。より効率的な事業運営によって、Verizon全社の事業そのものが加速した。

Verizon これからの改革

　Verizonは、今もなおOne ERPプロジェクトを継続し、その影響範囲を広げている。

　通信ネットワーク設備は、従来は地域や一連のネットワークといった単位で発注し、ERPや調達システムで細目を管理してこなかった。導入されたネットワークや無線基地局などのシステムは、サービス管理をするOSS（Operation Support System）で詳細に管理さ

れるので、サービス運営上は問題がない。しかし、そこに財務的な観点が抜けているために、今ここで動いているシステムにいくらかかっているのか、わからない。そこで、Verizonは、やり方を改め、ERPで発注する段階で、部品単位で投資規模を把握し、個々の無線基地局ごとにかかった投資・経費を詳細に可視化。発注書には細目があるのだから、改めて積み上げ計算しているわけではない。その上で、工事や保守の運用が上首尾にいっているシステムとそうでないシステムを見出すようにした。これらを現場の作業状況・プロジェクト管理と照合することで、全体の業務効率性を改善するためのプラクティスを発見できるはずである。また一方、ネットワークに流れるパケット量から、ネットワークが稼ぎ出す収益規模を推定し、無線基地局の稼働率に合わせて配賦することで、無線基地局一つひとつの収益性が見えるようになる。

通信会社の設備部門と業務部門という大きなサイロとなった組織の垣根を取り払い、より業務の効率化・事業性を高めていくことをVerizonは、SAPと進めている。工場にロボットが配備され、製造工程が自動化される時代である。5Gネットワークもソフトウェア化され、自動配備できるようになった。

より高い効率性を実現する計画づくりが、企業としての最大の価値を生み出すことは間違いない。組織が一つとなって、透明化されたデータを活用してこそ、競争力を発揮する。

文：SAPジャパン 久松正和

03

経営から開発・生産現場まで。変革が生み出す新たな競争力

世界初、メタバースを活用したモノづくり領域の革新。
BEVとサステナビリティシフトで継続すべきことは？

「メタバース」は、3次元コンピューターグラフィックスでモデリングされたインターネット上の仮想空間である。従来のエンターテイメント、ゲーム、スポーツ、レジャー、ショッピング領域だけでなく、いまや工場のエンジニアリング革新ツールとして利用され始めている。以下の、実際の製造現場におけるメタバース活用事例の動画をご覧いただきたい。

本動画では、自動車部品サプライヤー工場の製造設備やエネルギーなどの現実世界のさまざまなオブジェクトがメタバース上で3Dモデリングされている

メタバースとSAP MESによる次世代工場
出典：SAPジャパン

Chapter 1

ことや、現実と仮想の2つの空間が双方向に統合され
た工場内の様子が解説されている。

- 現場にあるすべてのものは、デジタル化の対象
- 人の代わりに作業する機械（ロボット）のシミュレー
  ション
- 複数の遠隔オフィスの同僚との共同作業
- 圧縮空気、電気、ガスなどのエネルギー
- カスタマーやビジネスパートナーとの共同作業
- デジタルツインによるメタバースへの現実世界の
  正確な反映
- 温室効果ガス排出量をはじめとするサステナビリ
  ティ指標のリアルタイムダッシュボード

　自動車部品サプライヤーのMartur Fompak
International（以下、MFI社）のデジタル技術を活用し
た取り組みをお伝えしたい。

　MFI社は、1986年にトルコのイスタンブールで創
業した非上場の自動車部品サプライヤーである。自
動車のシート、インテリア、ライトを主力製品として
事業を伸ばし、現在では、日欧米のメジャーな自動
車メーカーを含む200のクライアント、世界7カ国23
工場、6,000人を超える従業員を抱える規模にまで成
長している。独立系メーカーとして、トルコ国内の
自動車会社に依存せず、グローバル事業展開を主軸
として、これまでトヨタ自動車、フィアット・クライ
スラー・オートモービルズグループ、フォード・モー
ター、ルノーなどの自動車メーカーやテクノロジー

図① 自動車OEMや取引先からの表彰と認定の一例

表彰機関・企業	受賞タイトル	受賞年度
FCA Group	● WCM - The Most Successful Major Kaizen Application	2012
Ministry of Environment and Urbanization	● Bursa - The Cleanest Industrial Plant Award	2013
Renault Group	● Best Supplier Award	2013
Ford	● Best Suppliers Award	2014
Renault Group	● Most Productive Supplier	2015
Toyota	● Value Analysis Award	2016
Toyota Boshoku Turkey	● Supplier Award Good Performance in Quality	2017
BOSIAD	● Environment Friendly Industrial Facility Award	2018
Renault Group	● Best Supplier Award - Quality and Customer Satisfaction	2020
Ford	● Golden Supplier Award	2021
Toyota Boshoku Europe	● Supplier Bronze Award for Superior Performance in Project Management	2022
Stellantis	● Predictive Supplier Award	2022
Ministry of Industry and Technology	● Research & Development Center / Total Performance Index Award	2022
認証機関	**認証**	
TÜV RHEINLAND	● ISO 14001 ● ISO 45001 ● IATF 16949	
TÜV NORD	● ISO 50001	
TÜRKAK	● ISO / IEC 17025	
BUREAU VERITAS	● ISO 14064	

出典：SAPジャパン

パートナーから数々のタイトル受賞・認定取得をして
いる。それが信頼の証しとなり、成長の糧となり、さ
らなる新規クライアント開拓を加速させている（図①）。

MFI社の改革で最も興味を惹かれたのは、これま
で多くの自動車部品サプライヤーに見られた一度限
りの改革に留まらない、継続的なDXを続けているこ
とである。ひとことで言えば、「歩みを止めないDXの
ショーケース」だ。ここで言うDXとは、サイロに捉わ
れず、過去からの組織・ルール・プロセス・ITがもた
らした成功体験によって、硬直化しているレガシーを
打破し、先端デジタルテクノロジーを活用したビジネ
ス改革を意味する。メタバースを活用した設計開発
から量産、運用までの一連のモノづくり改革は一朝
一夕に実現できたものではない。

- DX⓪ 2012年〜2014年　全社経営情報管理とプロダクトライフサイクルマネジメント
- DX① 2018年〜2020年　生産最適化スケジューリングと製造実行管理
- DX② 2021年〜2022年　メタバースを活用した製造と対話型AIによる業務高度化

持続的改革の土台となるERPとPLM導入

　MFI社は、2012年にSAP ERP、2013年にSAP Product Lifecycle Managementを採用。当時欧州の自動車部品サプライヤーの間で標準的な考え方となっていた全社全部門を横断する経営情報の一元管理の実現を目指した。当時はまだDXという言葉はなかったので、敢えて言うなら、この時点の取り組みをDX⓪と呼べるかもしれない。経営情報の一元管理においては、自動車部品サプライヤー向けベストプラクティスに包含されている業務プロセスを鑑とした、SAP標準の導入方法論に則り、調達・生産・品質・物流・販売管理および財務会計・管理会計まで、部門横串のエンドツーエンドな水平連携と、経営管理から生産管理までの垂直統合を実現した。企画・設計・開発から生産打ち切りまでの製品情報の横串管理、プロダクトライフサイクルマネジメントにおいては、当時欧州の部品サプライヤーや欧米自動車メーカー、日本の自動車メーカーの海外拠点にも評価・採用・稼動が広がりつつあったSAP Portfolio and Project Managementと

SAP 3D Visual Enterpriseを導入することで、製品開発リソースの一元管理、開発予算・実績のWBS管理、プロジェクトスケジュール管理、設計開発業務以降の生産管理、品質管理、営業技術情報管理の3次元画像活用が実現した。

【DX⓪の導入効果】

■ 共通

- 勘定科目、得意先、仕入先、品目などの複数部門が利用するマスタデータの一元管理
- 業務で発生する計画・実績データのタイムリーな一元管理
- 経営から現場までの判断基準KPIの標準化と鮮度・精度・粒度の高度化
- ペーパーレス化と報告書作成工数削減

■ 会計

- 会計仕訳伝票の手入力や修正仕訳の削減
- 財務会計締処理日数の短縮
- 製造原価はじめとする管理会計の高度化

■ モノづくり

- 開発リソース最適引当と開発リードタイム短縮
- 原材料・部品・内製部品の在庫最適化
- 3次元画像活用によるポカヨケ
- 自動車メーカーの工場監査対応力向上

　MFI社はERPとPLM導入により、自動車部品サプライヤーとしての持続的な経営のための土台を構築した。しかし、彼らはDX⓪に満足してシステム基盤を塩漬けすることなく、その後次々とデジタル技術

を活用して業務革新を重ねている。ここでは、SAPソリューションが関わっている2つの取り組みを、DX①、DX②として紹介したい。

▍DX① 強化、高度化は、100ミリ秒

MFI社は、2019年、自動車業界にさらなる高品質のコンポーネントを供給する企業を目指し、製造実行管理（MES）、生産スケジューリング、品質管理、原価管理、生産管理の高度化を目指した製造プロセス改革に取り組んだ。この改革では製造設備のストリーミングデータを収集分析するためのIoTソリューションとデータ分析機能が鍵を握る。以前は、機器とプロセスの可視性が不足していたため、現場の機械が故障するか、製造部門で溶接されたフレームの品質部門での試験結果が得られるまで、問題追跡はされなかった。DX①達成後は、リアルタイムの溶接プロセスストリーミングデータを100ミリ秒の頻度で収集・分析している（P042 図②）。

さらにもう一つ注目すべき取り組みがある。製造能力制約と原材料・部品制約の2つの生産制約条件を考慮した、最適な時間単位の生産スケジュールを自動立案し、その結果、人を介さずに生産現場の生産指示、MESを経由して製造設備まで情報連携する生産プロセス改革を実現したことだ。

これまでは、自動車メーカーからのオーダー変更、仕入先からの納品遅延、自社工場内の作業不良など

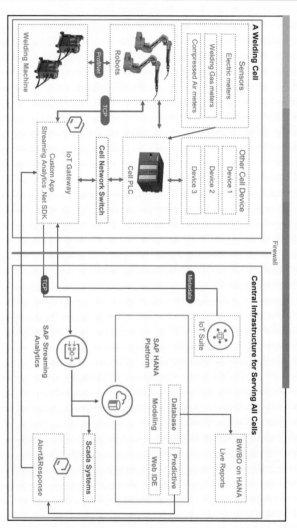

出典:SAP Innovation Awards 2022 Entry Pitch Deck

の生産に影響するさまざまな問題に、人依存で対応していたことが引き金となり、品質不良、余剰在庫、操業率低下を招くことが頻発していた。導入後は、最新の内示・確定オーダーをERPで受信して、所要量展開、生産スケジューリング、MESを経由して製造現場設備までの一連の情報連携がされたことにより、安定した品質の生産、在庫最適化、自動化・省人化、操業率改善を進めることができた。

　MFI社は導入したリアルタイム溶接プロセスをビデオで公開している。

【DX①のシステム概要】

- 86台のロボット、86台の溶接機、53台のPLC、および53個の溶接セル内の278個のセンサー
- プロセス、パラメータ、ステータス、およびメンテナンスインジケーターの追跡
- SAP Streaming Analytics経由のデータ分析
- SAP BW/BO on HANAは、すべてのリアルタイム

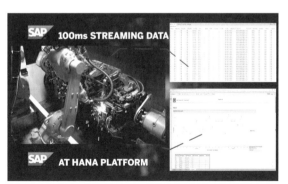

メタバースを活用した製造実行管理
出典：SAPジャパン

データのレポーティングと、製品コスト、消費量、サイクルタイムなどの業務指標を計算

- 溶接機から収集されたパラメーター値とラボの侵入テストの結果を照合して作成されたデータセットを使用して、製品の品質を予測する機械学習アルゴリズムを展開
- 100ミリ秒間隔の品質分析

DX①導入に得られた効果は以下の通りである。

- 3年以内の投資回収を達成
- 品質不良理由による返品の減少
- エネルギー消費と消耗品の節約
- 故障による損失とメンテナンスの遅延の削減
- 製品コストに影響を与えるワイヤー、ガス、空気、電気の消費量を自動計算
- 過去のトレーサビリティデータの提供
- 品質部門の検査業務負荷の軽減
- 生産部門の実績管理業務負荷の軽減
- 実験室の溶接部破壊試験の作業負荷とコスト削減
- 保守部門は、設備の状態予測を通じて、故障時の即時対応性を向上させて生産ダウンタイムを削減

DX② メタバースを活用した取り組み

自動車部品サプライヤーは、各国法制度と取引先自動車メーカーからの要求に対応しなければならない。欧州市場でビジネスを成長させるためには、人々

の幸福と健康の向上を目的とした、欧州グリーンディールや炭素国境調整メカニズムに即した経営と業務オペレーションが要求される。そこでは、GHG排出量をはじめとする、サステナビリティに関する主要なKPIと、それに関連する指標の測定と開示が不可欠である。また、再生可能エネルギーの使用率を増やすためのイニシアチブも叫ばれている。

さらに、自動車メーカーとのサステナブルな取引に向けた競争優位性を示すためには、製品ごとのカーボンコスト計算および開示が不可欠である。

MFI社は、これらの社会課題の解決とサステナブル経営へ向けて前進するために、冒頭の動画で紹介したメタバースを取り入れたDX②に取り組んでいる。

【DX②で実現した7つの機能】

1. 製造設備のメタバース対応
2. 製造設備の稼働率、性能、品質をさらに引き上げるためのリアルタイムOEEモニタリング
3. 電流、電圧、ワイヤースピード、プロセスステータス、製品、溶接点、溶接ガス、電力、圧縮空気などの100ミリ秒間隔のストリーミングデータを機械学習に取り込み品質予測実行
4. 電力、溶接ガス、圧縮空気の消費量、および温室効果ガスの排出量の製品別、溶接ポイントごとのエネルギー監視と分析
5. 現場から得たデータを元にした再生可能エネルギーの使用量算出
6. 各製品のリアルタイム炭素排出量計算

7. 統計的プロセス管理

　これまでの継続的なDXに、直近のDX②によるメタバースをはじめとする最先端のデジタル技術で実現した機能を取り入れた働き方の変化はこうだ。

● 設計・開発段階において、社内エンジニアやサプライヤーがそれぞれ異なる場所から仮想空間にアクセスして、3次元画像データを活用しながら仕様検討や機能検証ができるようになった。

● 量産段階で、すべての生産工程で広く効果的に使用してきた製造実行管理ソリューションのSAP MIIおよびSAP MEと製造設備データが自動連携しているだけでなく、遠隔地から工場の製造設備の運転状況やトラブルの状態が手に取るように把握できるようになり、実際に現場へ急行して製造設備の調整や故障個所の修理をすることが大幅に削減された。

● これまで製品ごとのGHG排出量は、長い時間を費やして人手を介した報告しかできなかったが、カーボンフットプリントが高度化されたことで、生産工程のセンサー経由で実績データを使用することができるようになり、各製品の固有IDに基づいて排出量を計算し、すべてのプラットフォームでタイムリーな可視化が可能になった。

　業務プロセス、システム、データが大きく変わったことにより刈り取られた定量・定性効果：

● 2018年の基準年から2020年までに12%のGHG排出削減の達成

- 自動車事業の競争レベルを維持するために、各製品のカーボンフットプリントの個別計算
- 物理的な障壁が取り除かれたデジタルコラボレーションプラットフォームの実現（会社の同僚、パートナー、クライアント）による開発L/Tやワランティやリコール時の解決L/Tの短縮
- 新しい生産工程または製造設備をシミュレートし、レイアウト、プロセス、製品、機器の相互作用を備えた非の打ちどころのない物理的環境の準備
- 遠隔地作業による労働安全性と柔軟性の高度化

経営層の自分ごと化と変革受容の心構え

　地球規模のサステナビリティ課題、自動車産業の電動化、パンデミック、半導体不足、国際紛争など、事業環境の厳しさが積み重なる昨今、MFI社が歩みを止めずに継続して取り組む改革は、社会に誇れる企業として成長し続けるための必須科目だと思う。

　MFI社は、経営基盤を盤石なものとするDX⓪、いまをさらに強くするDX①、カーボン・ニュートラルや労働問題などの社会課題に打ち勝つDX②を、まるで業務の一環として実践しているかのようだ。MFI社の視座の高い継続DXは、経営層が自ら手綱を握り、変革リーダーの部門長クラスと連携し、会社全体で取り組まねばならない変革を受け入れられる社員のマインドセットを醸成し続けている点にある。

文：SAPジャパン 山﨑秀一

Z世代の視点で未来を見通す、Zuellig Pharmaが示す道筋

単なる刷新ではない、未来に向けた変革とは。急成長する東南アジア市場での取り組みから

Zuellig Pharmaは、東南アジア最大のヘルスケアサービスグループの一つとして、高い評価を受けている大手医薬品流通企業である。"Our purpose is to make healthcare more accessible"。東南アジア地域に住む人々にとってのヘルスケアをより利用しやすくすることを自らのパーパスに掲げ、ヘルスケア関連施設へのサービス提供を通じて、消費者、患者としての人々の生活を向上させることに邁進している。

もともとZuelligが流通業者だったことから、Zuellig Pharmaも医薬品や医療関連商品の専門商社的な役割を中核に発展。現在ではワールドクラスの流通、デジタル、商用サービスを提供し、東南アジア地域の13の市場で増大するヘルスケアのニーズに対応している。データ、デジタル、疾病管理ソリューションの作成、慢性疾患を持つ患者のサポート、支払者の医療費管理の支援に重点を置いたサービスを開発。現在彼らの130億ドル規模のビジネスは、35万を超える医療施設と、世界のトップ20の製薬会社を含む500を超えるクライアントへサービスを提供している。

まず紹介するのは、eZRxという、ヘルスケア業界における東南アジア地域で最大のB2B eコマースプラットフォームだ。SAP Innovation Awards 2022では、高度なテクノロジーを活用して次世代向けアプリケーションを開発・導入したとして、Transformation Champion 6社のうちの1社として表彰された。

彼らの旺盛なビジネスを支える基幹業務プラットフォームは、堅牢なSAP ERP Central Component（SAP ECC）である。その上に構築されたのが、さまざまな効果をもたらす次世代 eコマースプラットフォーム eZRxだ。

● ヘルスケア製品をいつでもどこでもオンラインで売買するための、よりスマートで便利な方法を提供。ほとんどの担当者が従来行ってきた直接顧客を訪問する販売主導のビジネスを飛躍的に前進させる方法であり、eZRxを通じて、顧客と営業担当者はオーダー、追跡、返品、支払い（Zuellig Pharma にとっては債権回収）が可能
● 使いやすく、セルフサービスを可能にし、情報を統合。情報をすべて1カ所にまとめることで、最適な価格、バンドル、プロモーションを完全に可視化
● サプライチェーン上の個人（消費者・患者）、医療従事者、診療所、病院の時間節約と効率化、生産性の最大化に寄与（手作業との比較）

経済の担い手を「顧客」のペルソナに

　いかなる企業においても、新たな仕組みの構築は、現状の何らかの課題の解決を目的とする。eZRxも同様で、克服すべき多くの課題があった。

1.　電話、ファクス、対面でのやりとりを通じた手作業のオーダー／返品／支払処理

2.　パンデミック下において移動制限を受けることによって激減した顧客とのタッチポイント

3.　むしろパンデミック下だからこそ求められる、ワクチンや個人用保護具（Personal Protective Equipment : PPE）のタイムリーな配送の保証と事業継続計画（Business Continuity Plan : BCP）

4.　取引の55%を占めるリピートオーダーなどの定型的な処理は労働集約的で退屈なプロセスであるにもかかわらず、その対応が顧客の満足度を大きく左右する現実

5.　IT技術の進歩とともに育ったミレニアル世代がバイヤーの72%を占める現実の中、B2C eコマースに精通した彼らの常識から、B2Bプロセスでも期待されるアクセシビリティー、利便性、機能性

6.　取り扱い商品それぞれに固有のライセンス制限があるせいで、販売チャネルや市場ごとに設定されて異なるプロモーション価格が困難にさせているプロセスや業務要件

　1から4の、従来の手作業業務の負荷やパンデミッ

ク下の困難さは誰しも共通だが、驚かされたのは5番目だ。バイヤーの72%がミレニアル世代（1980年から1995年の間に生まれた世代）という具体的な数字を挙げた課題認識は、Zuellig Pharmaのビジネスを今後も持続的に成長させていくために、誰を満足させなければならないかにフォーカスして分析していることを示している。

バイヤー、つまり医療機関側の発注担当者の72%が、2022年時点で27歳から42歳。日本国内だけの感覚とは少し異なる印象を否めない。そこでZuellig Pharmaがビジネスを展開する東南アジア各国の人口動態を調べてみた。

亜細亜大学の大泉啓一郎教授が2022年3月30日に公開した「ASEANの人口動態とデジタル化」[2]によると、日本を含む北東アジアでは、合計特殊出生率の低下による少子高齢化が進み、2020年代半ばまでには中国も人口減少に向かうと見られていることから、総じて人口減少地域になる。

一方、東南アジア各国では、Zuellig Pharma本社のあるシンガポールを除いて、各国人口における若い世代の比率が高く、2050年までは人口が増加し続ける。大泉教授の言葉を借りると、人口減少が経済成長の負の要因になるというなら、東アジアの成長を牽引する役割は、北東アジアから東南アジアに移ることになる。東南アジアの人口の増加にともなって、実際の経済成長を牽引しているのは、今やミレニアル世代に移っているといえる。Zuellig Pharmaもそう考えた

に違いない。彼らの次世代 e コーマスプラットフォームeZRxは、ミレニアル世代が慣れ親しんだB2C e コマース並みの機能を搭載し、仕事の生産性・効率性に違和感を生じさせないことが不可欠となり、それが新機能開発要件となっていった。

システム連携は購入体験を向上させるため

　顧客バイヤーの購入体験を向上させるには、アクセシビリティー、利便性、機能性への要求に応えるだけでは実現困難である。6番目に挙げられていた取り扱い商品それぞれの固有のライセンス制限の課題を克服するには、もともと手作業で対応していたときに活用したマスタデータ、蓄積してきた膨大なトランザクションデータ、これらと連携してシナジーをつくることが不可欠なのだ。

> 「パンデミックは、デジタル化が遅れていることで知られる従来の製薬業界の課題を、さらに切実なものにしています。そこでSAP ERP、SAP S/4HANA Cloud for Customer Payments、SAP HANA in eZRxを統合することで、大切なお客様の注文、返品、支払プロセスを簡素化することができます。デジタルファーストのアプローチを採用し、お客様がeZRxを使うことで、シームレスで強化された購入体験を得ることができます」──デジタル&eコマース担当ディレクター、Michael Hofer

SAP ECCとSAP HANAを利用した高度なバックエンドデータ管理システムにより、注文管理システムとマスタデータ（財務、在庫、製品情報）をeZRx Webとモバイルにシームレスに統合。この情報には、素材データ、説明、マッピングされたライセンス制限、価格設定、バンドル、プロモーション、在庫状況、有効期限、および注文履歴が含まれている。たとえば、eZRxにログインすると、当該顧客が購入できないアイテムは表示されないようになっている。つまりSAPソリューションがバックエンドリソースとインフラストラクチャを提供することで、eZRxはZuellig Pharmaの既存の機能を活用し、eZRx Webおよびモバイルアプリケーションの構築に注力してその機能を補完している。それはシステムアーキテクチャから窺い知ることができる。eZRxでは、顧客と営業担当者は、SAPのバックボーンを活用しながら、よりスマートで便利な方法でヘルスケア製品を売買し、追跡、返品、支払いを行っている。これにより、時間の節約と外出先での注文が可能になり、同時に手動の注文処理による価格設定エラーを減らすという、当初掲げられた課題が克服された（P054 図①、②）。

実際、顧客からも満足の声が上がっている。

> 「eZRxのおかげで、現場にいながら外出先で注文できるようになり、事務処理が減り、価格設定エラーが減りました」──マレーシアの卸売業者 Sales Executive

図① アーキテクチャ

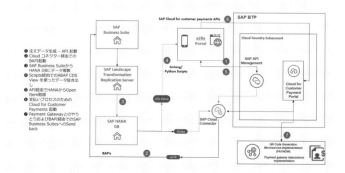

出典：SAP Innovation Awards 2022 Entry Pitch Deck

図② アーキテクチャ Cloud for Customer Paymentへの展開

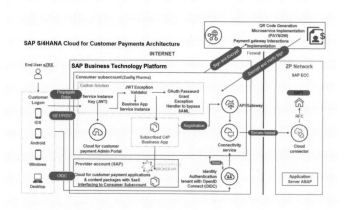

出典：SAP Innovation Awards 2022 Entry Pitch Deck

eZRxで成し遂げたこと

■ ビジネスおよび社会への効果

- 2021年、1,160万件の注文が自動化され、手作業での処理が半減
- 注文の29%が自動化・デジタル化
- 総取引額の19%をデジタル化することでの時間の節約と効果の最大化
- さまざまな支払いGatewayによるセキュリティー強化
- 営業時間に限定されない、24時間365日、年中無休でのアクセス
- すべての取引（注文／返品／支払い）の透明性の一元化
- 顧客と営業担当者に対する可視性の向上

■ ITにおける効果

- マレーシア、台湾、タイ、ベトナム、シンガポール、フィリピンの6つのマーケットごとに存在していたレガシーシステムを20カ月以内で統合
- 2021年中にミャンマーとカンボジアの新たなマーケットにeZRxを展開
- 各国マーケットの開発チームは、SAPがバックエンドのデータ管理を担当することで、フロントエンドソリューションとカスタマーエクスペリエンスの向上に集中
- バックエンドが SAPバックボーンによって駆動することによるプロセスの合理化

■ 人への効果

- 年間の生産性が120万ドル以上向上
- eZRxによる処理の自動化により、105名の従業員をより付加価値の高い業務に配置転換
- ワンストッププラットフォームの簡素化された使いやすいシステムを通じたセルフサービス提供
- カスタマーサービスの強化
- 手作業の自動化による従業員満足度の向上
- 付加価値のあるサービスへのシフトと集中

使い勝手が悪くて不便でも仕事だから我慢、はもはや過去の話。eZRxの購入体験が伝えている。

Zuellig Pharma デジタル進化の道のり

Zuellig Pharmaの社名とロゴは、実はSAP Innovation Awards 2019の受賞者リストでは次点にあたる、Honorable Mentionの11社の中に見ることができる。取り組みのタイトルは「Enhance E-Returns, E-Collections Process using SAP Cloud Platform」。当時、Zuellig PharmaはOrder to Cashプロセスの後半部分、返品や請求回収業務における決め手となるようなソリューションを持っておらず、モバイルデバイスを活用することにその活路を見出した。

SAP ECCの外に、SAP S/4HANA On-Premise、さらにSAP Cloud Platform（現SAP Business Technology Platform）を配置してPortalとし、顧客側からのモバイルデバイスやPCと連携。SAP ECCにある受注〜納品トランザ

クションデータから、当該顧客のデバイスに、取引のあったあった商品の発注、出荷、担当のDistributor、着荷などの情報を一覧表示。顧客側からすると、返品や支払対象商品の特定が容易であり、操作した結果は、もちろんSAP ECCにリアルタイムで反映されるというわけだ。

　一連の取引が、物流情報とともに一覧表示されるこの機能は、eZTrackerと名付けられた。

　さらにその後、ブロックチェーン技術を導入して進化させた物流トラッキングソリューションeZTrackerは、大きな社会課題解決に挑んでいく。

　日本のように強固な医薬品サプライチェーンが確立されている市場とは異なり、新興国市場で蔓延る偽造医薬品ビジネスは、ヘロインの取引額を上回り、その結果、患者の健康がリスクにさらされている。取り組みが発表された2020年、世界保健機構（WHO）によると、毎年100万人が偽造医薬品を使用したことによって亡くなっているという。

　eZTrackerアプリを使えば、医薬品を手にした医療機関、消費者や患者は、その医薬品のバーコードを読み取り、手元に届いたものが安全なサプライチェーンを経由しているかどうかを識別できる。このことは、2021年に上梓した『Hope for tomorrow──進化するデジタルトランスフォーメーション』（プレジデント社刊）第4章03に掲載している。

弾むような躍進の原動力を考察

　顧客の返品や支払業務の簡素化からスタートし、輸送業者や倉庫での在庫管理、配送の追跡を支援することで、医療機関のその先の患者や消費者まで含めた人々の健康を守るためのツールeZTracker。そして、医薬品卸売業者、小売業者、病院、およびその他のヘルスケア関連企業向けのB2B eコマースプラットフォームであるeZRx。

　これらを立て続けにリリースするZuellig Pharmaがどのような組織かは、2022年4月に開示された「Integrated Report 2021（統合報告書）」から窺い知ることができる[3]。

　Zuellig Pharmaオフィス内に見られるポスターと同じインフォグラフィックスで統一された100ページあまりのレポートは、あらゆる社内のデータが、折々の従業員からのフィードバックも含めてデジタル化されていることが容易に想像できる。さもなければ、これほど明確に数字を挙げた開示は困難だ。

　豊富なデータの所在を示す「Our Data Analytics IN NUMBERS」[4]には、Zuellig Pharmaのデータ分析に関する主要な6つのスタッツに加えて、データチームについての紹介がある。データチームは2018年から2019年にかけて倍増し、チームの平均年齢は28歳、最年少メンバーは24歳。チームの男女比率は50：50。政治学、英文学、太陽電池工学など、多様なバックグラウンドを持つ従業員で構成されているとのこと。

eZRxの顧客ペルソナを定義できた背景は想像に難くない。

未来を見据えるとは、つまり……

「日本企業」とひと言で括っても、もはやほとんどの企業のビジネスは日本国内に留まらず、すでに世界市場で活躍している。Zuellig Pharmaによる、東南アジアという成長する市場で、ITに精通し実際に活発な経済を担う世代をターゲットとした取り組みを一つのヒントとして、さらに世界に目を転じてみたい。2022年7月11日、世界人口デーに国連が出したプレスリリース[5]によれば、世界人口は、増加率が低下する中、2080年代に約104億人でピークに達すると予測されている。2050年までに増加すると見込まれる世界人口の半数超は8カ国に集中するものとみられ、それらはコンゴ民主共和国、エジプト、エチオピア、インド、ナイジェリア、パキスタン、フィリピン、タンザニアで、サハラ以南アフリカの国々が、2050年までに増加すると見込まれる人口の過半数を占めると予想されている。持続可能な開発は、健全な経済活動を支える人々が満足し、活躍してこそ。目まぐるしく変化する社会の中で、果たして誰を顧客と見なすべきか。

未来を見据えた取り組みは、"顧客としてのペルソナ"を明確に捉えている。

文：SAPジャパン **松井昌代**

製薬業界のゲームチェンジャー、モデルナたる変革風土に迫る

mRNAワクチンで世界中に知られるユニコーン、日本法人社長・鈴木蘭美様からの気づきと学び

2018年9月20日、私は「モデルナ・セラピューティクス ─ "真の"デジタルバイオテクノロジー企業へ」というSAPジャパンブログをリリースした[1]。その2週間前の9月7日、経済産業省から「DXレポート〜ITシステム『2025年の崖』克服とDXの本格的な展開〜」が発表された。それを受けて、いち早くSAP Innovation Awards 2018受賞者の取り組みを海外先行事例として紹介した。

モデルナ・セラピューティクス（現モデルナ）はその頃から世界に知られ始め、今や誰もが知る言葉と

Moderna：病気の治療と予防のための先駆的なmRNA技術へのSAP S／4HANA活用例
マルチェロ・ダミアーニCDO（当時）による取り組みの紹介
https://www.youtube.com/watch?v=dVg4F7x0KfM

Chapter 1

なったデジタルトランスフォーメーション（DX）賞の
受賞者だった。

> 「当社は急速に成長しているため、最初から基礎を
> しっかり構築しなければ、将来的な創薬や企業規模
> の成長を損ないかねません。高レベルの統合を実
> 現したかったので、財務や製造もすべて統合する目
> 的でSAPソリューションを導入しました。当社の戦
> 略の一つは"完全統合"です」——*Marcello Damiani,*
> *Chief Digital Officer*（当時）, *Moderna*

その後、誰もが予想しなかったことが起きる。2019
年12月、人類は突然新型コロナウイルスに襲われ、

図① 新型コロナワクチンＱ＆Ａ

mRNA（メッセンジャー RNA）ワクチンやウイルスベクターワクチンでは、
ウイルスのタンパク質をつくる元になる遺伝情報の一部を注射します。
人の身体の中で、この情報を元に、ウイルスのタンパク質の一部が作ら
れ、それに対する抗体などができることで、ウイルスに対する免疫がで
きます。
ファイザー社およびモデルナ社のワクチンはmRNAワクチンと呼ばれ、
新型コロナウイルスのスパイクタンパク質（ウイルスがヒトの細胞へ侵入する
ために必要なタンパク質）の設計図となるmRNAを脂質の膜に包んだワク
チンです。このワクチンを接種し、mRNAがヒトの細胞内に取り込まれ
ると、このmRNAを元に、細胞内でスパイクタンパク質が産生され、そ
のスパイクタンパク質に対する中和抗体産生や細胞性免疫応答が誘導
されることで、新型コロナウイルスによる感染症の予防ができると考え
られています。

出典：厚生労働省 新型コロナワクチンＱ＆Ａ

世界は一変した。翌2021年、私が書いたモデルナブログのPV数が激増する事態が起きた。そう、2021年5月、日本の厚生労働省がモデルナ社のmRNAワクチンを承認し、国内でのワクチン接種が決まった（図①）。当時、多くの人々が「モデルナ」の社名を検索し、このブログに行き着いたと考えられる。

モデルナ・ジャパンの鈴木蘭美社長

2021年12月にモデルナ・ジャパンの初代代表取締役社長に就任された鈴木蘭美様。すでに多くのメディアに登場されているので、ご存じの方も多いは

図② モデルナ・ジャパンの歴史

2021年4月	モデルナ・ジャパン株式会社設立
2021年5月	mRNA-1273を特例承認される
2021年12月	モデルナ・ジャパン株式会社代表取締役社長に鈴木蘭美が就任
2022年2月	第一種医薬品製造販売許可証を取得
2022年8月	mRNA-1273の製造販売承認を武田薬品工業から承継
2022年9月	追加接種用2価ワクチンmRNA-1273.214 （2価：起源株/オミクロン株BA.1）承認
2022年11月	追加接種用2価ワクチンmRNA-1273.222 （2価：起源株/オミクロン株BA4-5）承認
2023年1月	オリシロジェノミクス社の買収を発表
2023年1月	国立研究開発法人国立国際医療研究センターと 包括協議に関する覚書を締結
2023年3月	国立大学法人東北大学　東北メディカル・メガバンク機構と 包括協議に関する覚書を締結

出典：モデルナ・ジャパン

ずだ[2][3]。鈴木様は、イギリスで勉学に励まれているときの学友ががんを患ってその治療の苦しみに接し、医学博士となられた後、がんに苦しむ方々をなくすことを自らの使命とされ、一貫して製薬業界で実績を積まれてきた方。ありがたいことに私は、鈴木様がエーザイのコーポレート・ビジネス・ディベロップメント担当執行役でいらした2016年頃にご縁をいただいた。当時私は弊社が提供し

モデルナ・ジャパン株式会社
代表取締役社長
鈴木 蘭美様
撮影：SAPインターン生 原田、岡野

ていた医療ソリューションの日本国内展開を担当し、鈴木様が推進されていた、有識者による医療ICT関連の会合で弊社の取り組みを紹介する機会をいただいていた（当該ソリューションは2019年に提供を終了）。

その際にSNSで繋がって現在に至り、このたび本書にご登場いただくことになった。

ここからは鈴木様ではなく、これまでのお付き合いでの「蘭美さん」と呼ばせていただく。

本書のテーマは「変革受容性」。瞬く間に世界に知られることになったmRNA技術は、すでに医療・製薬関連のメディアで取り上げられている。それよりも弊社としては、これから変革を起こそうとしている企業のヒントになるよう、広い意味でのモデルナの「変革」風土に迫ってみたいと考えた。

本書掲載のご快諾をくださった直後、蘭美さんはアメリカの本社にご出張。ご多忙のはずなのに、現

地から私宛にメールが届いた。URLをクリックすると、モデルナの発表を報じる3月10日付のニュース記事だった。「Moderna looks to the West Coast for latest expansion」[4]。マサチューセッツ州ケンブリッジに本拠地を置くモデルナが西海岸に進出。それも200名規模のAIチームをつくるというニュースで、そのタイミングの素晴らしさに、私は思わず「うーん、さすがモデルナ!」と膝を叩いた。

そして蘭美さんとの対談は、ご出張からの帰国直後にセットしていただいていた。

はじめに／蘭美さんの私へのお気遣い

松井：蘭美さん、お帰りなさい。ご出張先からメールを送ってくださって、ありがとうございました。拝見して思わず膝を打ちました。アメリカ大手IT企業の人員削減のニュースが続いた後に、貴社がすかさず行動されたことをすごいと思いました。

鈴木：本社ではもともとそのように計画していたと聞きました。それに、西海岸のIT企業で人員削減の対象になった方々は、ひと旗もふた旗も挙げられた方が多くて、そのような方々が次に何をやるかを考えたとき、ライフサイエンス業界で人々の健康に関わる仕事に就いていただくのは、きっとモチベーションが上がるのではないかと思います。

松井：おっしゃる通りです。「健康」という自分ごとに仕事として関わることができるのがライフサイエン

ス業界のすばらしいところ。それに、人員削減はいずれの企業にとっても大変デリケートなことではあるのですが、海外企業の場合は、IT系に限らず、企業の人員削減に対して日本で一般的に捉えられているイメージとは違っているケースがしばしばあって、必ずしもネガティブとは限らないことを、私自身もこれまで見聞きしてきました。

鈴木：松井さんはこういうニュース、きっと喜んでくださるだろうと思って送りました。

松井：お気遣いありがとうございます。はい、ご想像の通りで、とてもわくわくしました。ところでご出張はいかがでしたか？

鈴木：大変、刺激を受けて帰ってきました。たとえば、日本でもChatGPTが話題になっていますが、本社で会った女性従業員が、ChatGPTが今以上に賢くなるような質問をすることによって育てていこうという活動をしていて、とても刺激をもらいました。彼女の、デジタルと共存する未来への前向きな考え方に感動

したし、「ChatGPTでそんなことができるのか！」と思ったら、新しいアイデアが浮かびました。

蘭美さんの新しいアイデアについては、将来どんな形になるかを楽しみにして、ここでは触れないことをご容赦いただきたい。

モデルナがD＆Iを尊重する理由

松井：私は過去にコンサルティング業務でさまざまな業界のご支援をしてまいりました。その中で特に、人々の命に深く関わる製薬業界は、10年以上前から日本企業・外資系企業を問わず、「人に優しい」と感じる機会が多かったと記憶しています。健康状態や日々の生活に社員同様のご配慮をいただくことや、

図③　モデルナ・グローバルでのダイバーシティー＆
インクルージョン〜人材は組織を形成する基本的な条件〜

	2018	2019	2020	2021
女性従業員の割合	44%	46%	46%	47%
VP以上のリーダーシップにおける女性の割合	29%	35%	37%	39%
人種的・民族的に多様な従業員の割合（米国のみ）	32%	32%	35%	40%

出典：モデルナ・ジャパン（筆者翻訳）

家族が重い病を抱えていた当時の私の部下に対して、その介護にご配慮いただいたこともありました。また、お客様の社員の中に疾病を抱えていらっしゃる方がいらして、日本ではプライバシーと捉えられていることを、当時初対面だった私に、仕事内容に関わることとして隠さずにお話しくださったこともありました。そういった企業風土は変革に対する柔軟性に通じるところがあるように思います。さて、これまでずっと製薬業界にいらした蘭美さんが、これがモデルナの企業風土とお感じになるのはどんなことでしょうか。

鈴木：私は逆に他の業界との比較は難しいですが、同業他社と同じようにモデルナもダイバーシティー＆インクルージョン（以下、D&I）をとても重視し、全社で取り組んでいます。弊社のD&I Pledge（D&I憲章）では、すべてのアイデアが歓迎され、従業員が快適に感じ、議論に参加する権限を与えられていると信頼できる環境を醸成するために、CEOが採るべき具体的な一連の行動が定義されています。その成果として、2021年の女性従業員の数はグローバルで47%、VP以上の女性リーダーシップは39%、さらにアメリカのみの数字ですが、人種的・民族的に多様な従業員の割合は40%となっています。

松井：毎年数字が向上しているのは、そのときどきの状況に合わせて、全社レベルで具体的な努力をされている証拠で、感嘆のひと言です。モデルナ・ジャパンについても教えていただけますでしょうか。

図④　モデルナの多様性と学歴グローバルとジャパンの比較

	グローバル（2021年末）	ジャパン（2022年11月）
女性従業員の割合	47%	48%
女性リーダーシップの割合 グローバル：VP以上 ジャパン：ディレクター以上	39%	54%
Ph.D（博士号）、医師免許、法学博士、あるいは修士号を保持している従業員の割合	52%	69%

出典：モデルナ・ジャパン（筆者翻訳）

鈴木：はい。モデルナ・ジャパンの数字は、グローバルが2021年末の集計に対して、日本市場でのビジネスが本格化した2022年11月時点の集計になりますが、実は女性従業員の割合、女性リーダーシップの割合、Ph.D.、医師免許、法学博士、あるいは修士号を保持している従業員の割合については、グローバルよりもジャパンの方が高い結果が出ています。

松井：(絶句)！

鈴木：はい。集計して正直私も驚きました。

松井：グローバルもジャパンも、高い学位をお持ちの従業員が多いのは、研究開発色の強い企業であることの表れだと、素人ながら想像します。それでも、女性従業員・女性管理職の割合の高さは、多くの日本企業にとって驚きであり、羨望の数字だと思います。外資系企業日本法人にこうした女性従業員がいることを、

数字で証明してくださった形ですね。日本企業と海外企業の文化・組織やキャリアパスの違いなどが結果的にD&Iに影響をおよぼしている気がいたします。

鈴木：実は、弊社が従業員に対して行っているサーベイ項目の中に「自分をマイノリティーと捉えているか」というものがあって、40%の従業員が自分をマイノリティーと捉えている結果が出ています。

松井：(絶句)。私自身、長く外資系企業にいますが、これまでそんなサーベイ項目に答えた経験はありません。しかもその数字は驚きです。先ほどご紹介いただいた、さまざまなD&Iの成果の数字から想像すると、今のモデルナでは、たとえば女性従業員の方々はもはや自分をマイノリティーとは感じていらっしゃらないかもしれないと思っていました。しかし、ひとことでマイノリティーといっても、国籍・人種・民族・宗教・言語・性別・障がいの有無など、国や状況によって含む意味合いが違いますし、それに、個々人の考えは人それぞれですよね。

鈴木：弊社のようなまだまだスタートアップ色の強い企業は、歴史のある大企業とは日々の仕事の進め方が全く異なります。歴史がないとはつまり、こうすればいいという決まったオペレーションがほとんどないわけで、しかも規模が小さいために潤沢に人がいるわけでもなく、皆がそれぞれ自分の領域を少しずつ広げることで隣の担当者と繋がって、力を合わせていくしかありません。そのために都度話し合ってやり方を決めて申し合わせて、取りこぼしがないよう進め

ていく必要があります。一方、マネジメントには、いかにその過程の価値を上げられるかが求められます。今はモデルナにいるそれぞれの従業員が、過去に培ってきた貴重なバックグラウンドを、臆することなく仲間と共有できることがモデルナの力になるわけです。これまでにない新たな製品を早く世に出したいと、スタートアップの苦労を承知で集まってくれた従業員に活躍してもらうには、何より話しやすい雰囲気を担保することが重要で、だからこそのCEO D&I Pledgeです。

松井：日本では、DX同様、しばしば手段の目的化を感じさせるD&Iですが、これほど切実で明確に企業戦略としてD&Iを捉え、実践していらっしゃる例をお聞きする機会は、正直なかなかありません。切実だから、結果に繋がるのですね。まさに目を開かされた思いがいたします。自分がマイノリティーだと感じている社員がこれだけの割合いるということを、全従業員が知っていらっしゃれば、自ずと普段のコミュニ

ケーションの前提として生かされることが容易に想像できます。

鈴木：これまでもこれからも、自分という人は世界にひとりしか存在せず、さまざまな属性を超えたユニークな存在です。つまり私たち一人ひとりが天上天下唯我独尊です。最近、「女性は」「日本人は」「若い人は」「西洋は」などのカテゴリーで考えることを窮

屈に感じます。むしろ、あるがままの個人が率直に話し合える環境を大切にしていきたいです。

松井：本当に。蘭美さんがおっしゃったカテゴリーを主語にすると、むしろ多様性が損なわれますね。

▍蘭美さんのWork Life Integration

松井：蘭美さんは、多くの人々が仕方ないことと諦めてしまうような、時には人類というレベルでずっと抱えているような大きな課題に、いつも自分ごととして取り組み、解決に向かっていらして、私に気づきをくださいます。最近はどんなテーマに取り組んでいらっしゃるか、お聞かせいただけますか？

鈴木：はい。弊社はmRNA技術で新型コロナウイルス予防のためのワクチンをいち早く世界に届けることができたわけですが、日本では予防接種歴と医療・健康情報との紐づけがされていません。諸外国、たとえばイスラエルでは、Real World Data（RWD：調剤レセプトデータや保険者データ、電子カルテデータなど、臨床現場で得られる診療行為に基づく情報を集めた医療データ）を利用して、新型コロナワクチンの有効性と安全性を検証しました。

最近では、British Medical Journal（BMJ）で、イギリスのブースタープログラムにおけるmRNA-1273新型コロナウイルスワクチンなどのコホート研究結果が公表されました。

松井：記事の共有ありがとうございます。日本で言う

ところの3回目のコロナウイルスのワクチン接種の比較ですね……。これ、すごいですね。まず、こうした医療系の専門性の高い記事がWebで直接読めてしまうこと。日本では医療系Webサイトはあっても会員登録していないと弾かれてしまって、部外者の私には、医療系は専門家だけに閉じた世界であるように感じます。2つ目は、NHSイングランド、つまり国家レベルでRWDのデジタルデータ基盤が存在していることへの驚きと感動です。そうでなければこれだけの件数のデータを解析することは難しいですよね。3つ目は、NHSイングランドの承認を得て、被験者のプライバシーが守られ、分析過程もすべて公明正大で、結果が得られていること。こうしたリアルな結果に接すると目がくらむほどすごいと思いますし、こんなことができる国に、心から憧れの気持ちが湧いてきます。

鈴木：ありがとうございます。モデルナの新型コロナワクチン接種が始まった当初には、効果と副反応に関する報道に偏りが見られました。

松井：副反応は人によって異なるのに、当時、主にSNSを使う世代が、我も我もと赤くなった腕の写真をアップして、それをマスメディアが、科学的根拠が不十分な状態で報じました。結果的に多くの人々が正しく理解しなかったと思います。そうしたことによる損失はどれほどか。だからこそ、日本でもイギリスのように科学的根拠のある分析が早くできるようになったらいいと、この記事を拝見して改めて強く思いました。

鈴木：日本は個人情報漏洩に対する警戒感が非常に強く、法制度の整備も必要です。しかしようやく日本でも、マイナンバーと保険者番号が同期するようになりました。素地は整って、次にやるべきは、データ連携による国家レベルの医療情報基盤の構築だと思っています。そこで、こうした諸外国の具体的な先進事例を引用して、国家レベルの医療情報データ基盤があることでの、人々の健康という点での未来がどう変わってくるのかを知ってもらい、皆様の理解を醸成したいと考えています。

松井：早くそうなっていくように、私も何かやれることがないか、考えます。

　実は最近、リアルタイムで正しい医療健康情報が展開されるといいのに、とつくづく思う経験をしました。私の父が昨年末にがんの切除手術を受けました。術後の病理検査では、術前予想よりもがんが進行していたので、家族としてはそれしかないと術後補助化学療法を選択しました。ところが両親の周囲の、いわゆるご高齢の方たちからは一斉に抗がん剤治療はやめる方がいいと大合唱で、両親は平静でいることが辛かったと思います。現在父は治療中ですが、幸い今のところ生活に大きな支障のある副作用がほとんどなくて、普通に元気に暮らしています。それにしても、抗がん剤治療にネガティブなイメージを抱いているご高

齢の方々がこれほど多いとは驚きましたし、恐怖感や嫌悪感を抱えたそのお気持ちを想像すると、お気の毒です。誰もが常に正しい理解にアップデートされる機会があるといいのにと、強く思います。

鈴木：お父様、素晴らしいですね。良かったですね。ただ、抗がん剤治療については、今も苦しい思いをされている方がいらっしゃることは事実です。その一方で、松井さんのお父様のような方もいらっしゃると知られていくことで、救われる方がたくさんいらっしゃると思います。

松井：今日も蘭美さんに気づきと刺激をたくさんいただきました。何よりお忙しい中お時間をいただいて、本当にありがとうございました。

モデルナ・ジャパンのSAP S/4HANA

冒頭に紹介した2018年にSAP Innovation Awards受賞の理由となったSAP S/4HANA導入は、その後、モデルナ・ジャパン設立と並行してロールインされている。

対談後、蘭美さんに橋渡ししていただいてCountry Head, Financeの田中利枝様にお話を伺ったところ、今は日本では、国への供給がメインなので、SAP S/4HANAは限定領域での機能を使う程度だが、今後の商用ベース展開を見据え、すでにGlobal IT部門や海外のシェアードサービスセンターと連携してOrder to Cash（販売管理）プロセスを確立するプロジェクトを進めているとのこと。

　各方面で蘭美さんが言及されている、mRNA技術による個別化治療や予防を、現実のものとして展開し、一人ひとりの患者さんに届けていくためには、Order to Cash プロセスが必要不可欠であり、実際にその構築が進んでいるとお聞きして胸が躍った。

　基幹系業務システムは縁の下の力持ち的存在で派手さはないが、お客様の夢の実現には欠かせない。

　今回、蘭美さんから想像を超えた、痺れるような気づき、学び、考える機会をいただき、我々SAPも、実現すべき未来の一端に就かせていただいていると改めて教わったことに深く感謝する。

　この気持ちを、広く社会全体に向けた次のステップに繋げていきたい。

文・構成：SAPジャパン 松井昌代

第 2 章

社会ごと
変えていくために

Prologue

　この章でお伝えしたいのは、「ビジネスそのものを社会課題の解決に繋げる」企業の信念である。

　高機能インテリア材メーカーArpa Industriale（イタリア）は、持続可能性という観点で革命的な製品を開発。さらに、自社と社会を持続可能とする信念に基づいて、生産過程での無駄や廃棄をゼロにするための管理に着手し、デジタル技術を活用したデータ収集〜分析〜改善を実施することでカーボン・ニュートラルを実現した。

　SAP Innovation Awards 2022では、電力会社の取り組み5件が受賞対象となった。この章では、そのうち3社の取り組みを次のように紹介していく。

　確かな経営戦略に基づいて、組織・業務プロセス・テクノロジーのシナジーで躍進を遂げ、さらに社会課題解決に取り組む市民活動のハブとしても機能する大手電力会社のENGIE（フランス）、アフリカのエネルギー貧困問題解決を使命としたインペリアル・カレッジ・ロンドン出身の3名によるスタートアップ企業Bboxx（英国）の、問題を解決させるためのビジネスモデル、住民に安定した電気を供給するために、自社のサービス技術者をデジタル技術を駆使して"守り続ける"エネルギーインフラ管理企業Netze BW（ドイツ）。

　これら4社の「掲げた目標は必ず実現する」という強い想いが、こちらに迫ってくるようだ。

大きな夢を実現するための Arpa次世代ファクトリー

サステナビリティとは行動の結果。
透徹する技術によりプロセスを進化させる

これほどの変革を進める企業には、どのような哲学があるのだろうか。イタリア語で「山の麓」を意味するピエモンテ州、ブラに本社を置くArpa Industriale（以下、Arpa）が取り組んだ「サステナビリティとクオリティを両立する次世代ファクトリー」（以下、Arpa次世代ファクトリー）を読んだ後、沸き上がったのは純粋な興味である。同社の取り組みはSAP Innovation Awards 2022―Social Catalystカテゴリーを獲得した。

1954年に創業したArpaは、インテリアを彩る表面材をデザイン・製造する企業だ。プレス機を使用して高温・高圧の下で複数の素材を組み合わせ、薄いインテリア材をつくり出す高圧ラミネート（HPL：High-Pressure Laminate）加工を得意としており、2013年には、インテリア界の革命といわれるハイブランド「FENIX」を発表した。

再生を象徴する不死鳥を名前の由来とするこのFENIXは、ナノテクノロジーを用いた特殊処理により高い耐久性を持ち、マットな質感、ソフトな手触りで指紋が付きづらい。さらに、少々の傷であれば過熱により自己修復することができる、美しさと実用性を兼

ね備えた高機能インテリア材だ。

　Arpaの企業規模は決して大きくない（2020年度、売上：154.4M€従業員：575人）。しかし、高い収益力（NOPAT《税引き後営業利益率》：11.9%）を有し、信念を感じるサステナビリティ対応方針を持っている。同社のサステナビリティ・ステートメントを見てみよう[1]。

■ 意図的な変革を起こすための責任ある経営

> 「私たちの目的は、エコロジカル・フットプリントを削減することです。そのために、ライフサイクルアセスメント（LCA）の手法を用いて、企業活動の影響を測定しています。幅広い範囲に目を向けながら、現在フォーカスしているのは、CO_2排出量です。2026年までに排出量を50%削減し、2021年にFENIXで達成したように、その後の数年間でカーボン・ニュートラルにすることを目標としています」
>
> 出典：Arpa Industriale ホームページより筆者抜粋、意訳

　Arpaはカーボン・ニュートラルを具体的な目標にしつつ、目的は「エコロジカル・フットプリント」の削減にあると述べている。「エコロジカル・フットプリント」とは何だろうか。簡単に言うと人類の活動に伴う資源消費や排出ボリュームを表す指数だ。これに対して、地球が再生産できる資源の指数を「バイオ・キャパシティ」といい、年間あたりの「バイオ・キャパシティ」を「エコロジカル・フットプリント」が上回る日を「アース・オーバーシュート・

デー」と呼ぶ[2]。地球が1年間で再生可能な資源を使い果たすことを意味するこの日付は、1973年の12月1日から、2022年は7月22日まで早まり、50年にわたり早期化の一途を辿っている。世界人口を見ると、1973年の40億人未満から、現在80億人へと倍増し、国際連合の2022年「世界人口推計」によれば、2050年には97億人に達することが見込まれる[3]。地球資源の利用削減が必須であることに、もはや疑問の余地はない。図①を参照いただきたい。

Arpaは、このような状況の中、自社と社会を持続可能とする信念に基づき、単純な数値としてのCO_2排出量削減のみではなく、地球資源の利用削減を目的に置いているのだ。そして、その目的を達成するために取りうる手段の一つとして「FENIX」を開発した。自己修復が可能な「FENIX」は、劣化による購買ニーズを抑制することで廃棄削減につながるため、まさに地球資源の利用を削減するという目的にかなう。さらにサステナビリティ・ステートメントにある通り、複雑で無駄が出やすいFENIX生産工程において2021年にカーボン・ニュートラルを達成し、プロダクトLCAを最小化した。

今回取り上げた「Arpa次世代ファクトリー」は、このFENIX生産工程において、カーボン・ニュートラルに加え、品質と収益性の大幅向上を実現した取り組みだ。その内容を、取り組みのベースとなった同社の「サステナビリティ具体化方針」を解き明かしながら確認していこう。

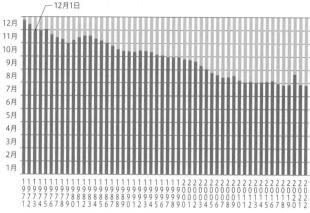

図①　アース・オーバーシュート・デー推移

EARTH OVERSHOOTDAYのデータを元に筆者作成
出典：SAPジャパン

サステナビリティを実現するアプローチ

　Arpaがつくり出した革命的なインテリア素材「FENIX」は、2013年の販売開始から需要が爆発的に増加し、機会損失を防ぐためにも生産量を引き上げる必要性に迫られていた。一方で、「FENIX」の高圧ラミネート加工プロセスは複雑で難しく、欠陥や無駄（廃材）が多いという課題も抱えていた。

　Arpaは、自分たちのサステナビリティ目標を実現し、さらにその価値を社会に対して持続的に提供するために、既存生産ラインの追加や改善ではなく、従来の生産プロセスを聖域なく変革する道を選んだ。そしてその手段が、「Arpa次世代ファクトリー」だった。新し

く創設されたこのファクトリーは、Arpaのサステナビリティ方針を行動に移し、実現するための哲学に基づいてつくられている。Arpaのサステナビリティ・ステートメントに、その哲学を感じられる一節がある。

■ サステナビリティの具体化

> 「サステナビリティとは、夢見ることではなく、人々が動いた結果です。行動そのものです。
> だからこそArpaは常に、環境、ビジネス、会社、そしてお客様を『勝利』へ導くように行動します。私たちは、サステナビリティを継続的に改善し、具体化していきます。Arpaのサステナビリティは常識、事実に基づいたアプローチであり、事業計画と完全に統合しています」
>
> 出典：Arpa Industriale ホームページより筆者抜粋、意訳

　目的や目標を達成するために、夢見るだけではなく行動することが何より重要である点に、異論がある方はいないだろう。ではその行動を「継続的に改善」し、「具体化」するために必要なことはなんだろうか。Arpaによると「事実に基づくアプローチ」だという。そしてこのアプローチを表す「測定できないものは管理できない」という原則が、「Arpa次世代ファクトリー」の根幹をなしている。

　彼らがつくり上げた「Arpa次世代ファクトリー」では、ERP（統合基幹システム）から受注オーダー、生産計画、材料表、製造指図、作業手順などのマスタデータ

やオペレーショナル・データがファクトリー現場へ連携される。それに基づく「FENIX」生産プロセスでは、作業結果、品質、時間、廃棄量などの記録に加え、1,600個以上のセンサーが機器稼働状況、エネルギー使用量、排出量などを常時測定して記録する。これらのデータは圧倒的なスピードを誇るインメモリ・データベースSAP HANAに格納された後、そこに組み込まれた人工知能が機械学習を行い、行動と結果の依存関係を分析する。これによって、人工知能が生産プロセスを、最もコストが低く、高品質で、廃棄や排出が少なくなるように改善し続けることを目指した。このエッセンスは、以下の動画で垣間見ることができる。

Arpaの取り組みが秀逸なのは、機器からのセンサーデータのみでなく、ERPから連携されるプロセスとデータを統合し、絶え間ない「測定と改善」を自動化したことだ。「Arpa次世代ファクトリー」の生産プロセスをイメージすると有用性がよくわかる。

Industry4.0の高みへ Arpaのインテリジェント・ファクトリー
（画面右下の設定で日本語字幕を選べます）
出典：SAPジャパン

① 受注オーダーを元に、同一製品生産予定や保全予定を考慮した生産スケジュールが立てられる

② 製造指図が、SAP Manufacturing Integration and Intelligenceを経由してSAP Manufacturing Executionへ送られる

③ 原材料が自動引当され、SAP Extended Warehouse Managementとレーザー誘導車（LGV）が連携し、生産場所に自動搬送・設置される

④ 製造指図に基づいて技術者と機器が協働して生産が行われ、作業実績が記録される

⑤ 生産時の機器稼働状況、エネルギーや水の使用量などがセンサーから収集され、SAP Plant Connectivityを介してSAP HANAに格納される

⑥ 完成品は画像により品質チェックされて結果を記録、問題ない場合はSAP EWMとLGVが連携して棚入れし、完成品在庫に計上される

⑦ SAP HANAの人工知能が、オペレーショナル・データとセンサーデータを統合してパターン分析し、オペレーションの改善を提案し続ける

⑧ 生産状況や分析データは、SAP Analytics Cloudのダッシュボードにリアルタイム表示され、判断や対応が必要な場合アラートが上がる

　このように、ERPのEnd to Endのプロセス、オペレーショナル・データとファクトリーのセンサーデータを統合して分析することで、たとえば受注オーダーのカスタマイズ内容に応じて最適な「生産スケジュー

ル」「原材料とその必要量」「製造手順」「素材取り扱いのパラメーター(生産時の圧力や温度等)」「仕掛品や完成品の安全・戦略在庫量」などを人工知能が提案し、改善を続ける。これを可能にしているのが、Arpa次世代ファクトリーのITアーキテクチャだ。

「Arpa次世代ファクトリー」で人工知能が改善し続ける内容はさらに多方面にわたる。リアルタイム機器計測データを用いたPredictive Maintenance(予知保全)は、予期しない機器のダウンタイムによる機会損失リスクを減少させる。また、5,000以上のパラメーター

図②　Arpa次世代ファクトリー ITアーキテクチャ

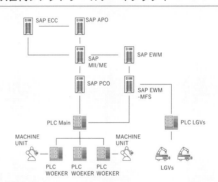

- ● **SAP ECC**…ERP統合基幹システム
- ● **SAP APO for Scheduling**…詳細スケジュール
- ● **SAP EWM(Extended Warehouse Management)**…拡張倉庫管理
- ● **SAP MFS(Message Flow System)**…メッセージ制御
- ● **SAP ME(Manufacturing Execution)**…製造実行管理
- ● **SAP MII(Manufacturing Integration and Intelligence)**…製造パフォーマンス管理
- ● **SAP PCO(Plant Connectivity)**…機器やセンサー接続

サードパーティ製ソフトウェアは使用せず、SAPソリューションで統一・統合することで、シンプル、迅速、かつ信頼性の高さのメリットを享受

出典:International SAP conference 2022 Arpa講演資料を元に作成

図③　Arpa次世代ファクトリーが実現した成果

ビジネス・社会のインパクト

- エネルギー、水などリソースの使用量を80%削減（SAPアプリケーションで数ミリ秒ごとに消費データを取得し、SAP HANAの予測アルゴリズムを使って、他の数千のパラメータと組み合わせてデータ分析）

- 1年間で75万ユーロの生産コスト削減を実現

- スクラップ廃棄物を96%削減（スクラップ監視ダッシュボードで、最適な生産プロセスを特定し、すべての生産プロセスをベスト・プラクティス合わせる）

- 従来の高圧ラミネートプロセスに比べ、生産性を6倍以上向上

- 24時間365日の生産サイクル（SAP EWMで制御された自律型レーザー誘導車両を活用）

顧客・従業員の満足度向上

- 建築家、デザイナー、家具・家電メーカーなどの顧客は、デザインや製品の付加価値を高める「FENIX素材」をスピーディに入手可能となった

- 熟練工のベストプラクティスを工場のインテリジェントオートメーションに反映させることで、生産性と満足度を飛躍的に向上させた

出典：SAP Innovation Awards 2022 Entry Pitch Deck

を用いた予測アルゴリズムにより、プロセスを効率化してエネルギー使用・水利用・CO_2排出を最小化すると同時に、品質を上げて廃棄物を削減する。Arpaが得た成果は数多く、実に具体的だ。図③に挙げたのはそのほんの一部である。

　さらに「Arpa次世代ファクトリー」のベスト・プラクティスを全工場ラインに展開予定だという。彼らの生産プロセスは、再生の中で進化し続けている。

夢と献身を組み合わせる

　「Arpa次世代ファクトリー」の成果の最後には、定性的な従業員満足度の向上が記載されている。高い

レベルで生産技術を習得したArpaの熟練工は、その技術が人工知能に継承され、改善されていくことに満足しているという。

　この気持ちを推し量るには、彼らの「ある経験」に思いを寄せる必要がある。実は、Arpaの本社および「Arpa次世代ファクトリー」が建築されたピエモンテ州ブラの周辺は、新型コロナウイルス感染爆発初期の2020年2月、世界的に最も罹患者が多く、特に高齢者の死亡に関する痛ましいニュースが多かった地域の一つだ。なお、イタリアで初めての新型コロナウイルス罹患者が出たコドーニョは、ブラからさほど遠くない約180kmの距離にある。

　生と死を身近に感じた熟練工が、命あるうちに技術を伝えたいと考えるようになったことは想像に難くない。彼らにとって、技術は先達より受け継がれ、さらに自らが改善を加えた遺伝子であり、未来へ繋げることはまさに夢だ。

　Arpaは、「技術を伝える熟練工の夢」と「社会と自社の持続可能性を引き上げる組織の夢」の両方を踏まえ、「Arpa次世代ファクトリー」を創ることにより、高い技術を未来に橋渡しした。

　その過程では、経営者と技術者、双方の献身的な行動が必要だっただろう。

　Arpaの物語の括りとして、彼らの根底に流れる「夢と献身」の考え方を感じたエピソードを紹介したい。

　Arpaは「Alpecin-Fenix」というサイクリング・チームのスポンサーを務めている。キャプテンは2021年のツール・ド・フランス第2ステージで全サイクリストの憧れであるイエロー・ジャージを獲得したマチュー・ファン・デル・プールという選手だが、本稿の事前調査のため彼のツイートを追っていたとき、以下の言葉が目に飛び込んできた。

> 「Dreams and dedication are a powerful combination—夢と献身は強力な組み合わせ」
> ——マチュー・ファン・デル・プールのツイートより

　現在28歳の彼は、10年以上チームに所属し続け、データに基づくアプローチで次世代のサイクリスト育成に取り組んでいるという。支援するサイクリング・チームを選ぶ際にも、Arpaは自らの哲学（夢のために、事実に基づき献身的に行動すること）をベースに置いているのだろう。嬉しい驚きを感じた。

夢見るだけではなく行動する

　Arpaは、社会に対する貢献を謳い、それを夢で終わらせないために大胆に行動し、「FENIX」生産で目標を実現した。一方、社会に対する貢献を持続するには、企業自体が収益を上げ続ける必要がある。よって、品質向上と極限までの廃棄減少により、自社の収益性向上を同時に実現した。

そして、これらの結果を生み出すために必要だったのが、事実に基づくアプローチであり、データによりプロセスを改善し続ける「Arpa次世代ファクトリー」だった。

このArpaの取り組みは、SAPの業界軸の祭典「International SAP Conference 2022」でも発表されている。講演を聞いたSAP業界ビジネスユニットのヘッド、ステファン・ワイゼンバーガーの言葉が胸に残る。

「大企業の事例が多い中、規模が大きくないArpaのような企業の挑戦が私たちを感動させ、重要な気づきを与えてくれました。SAP導入を特別なものと躊躇する必要はありません。少数のメンバーで奇跡を起こす企業があるのです」

大きな夢を描くが、自社の既存プロセスやシステム変更に大きなしがらみがあり、行動できなくなるケースをよく目にする。この物語を読み進めながら、「規模が大きくない一工場だからできたのだ」と感じた方もいるのではないだろうか。

ステファンの言葉を借りると、それは素晴らしい気づきだ。最初のステップとして、自社の規模が小さいエリアを対象に、夢へ向かって行動すればいい。イノベーションを推し進める方法は「Think Big, Start Small, Learn Fast（大きく考え、小さく始め、早く学ぶ）」である。

大きな夢を描いたならば、それを夢で終わらせないただ一つの方法は、行動を始めることだ。

文：SAPジャパン **東 良太**

再生可能エネルギーから先へ。社会を動かす真の公益企業

ENGIEの一貫性あるアプローチを紐解く。
戦略・組織・業務・テクノロジーの一体改革

　元フランスガス公社であるENGIEがSAP Innovation Awards 2022を受賞した。ソーラーパネルへのIoTを使った予知保全の取り組みが先進的であることに対する表彰だ。取り組みそれ自体が目覚ましいこと以上に、私の目から鱗が落ちたのは、企業戦略から業務にわたる一貫性である。サステナビリティを推進する新規の再生可能エネルギー事業は、すでにENGIEの1/4の利益[※]を占める中核事業に成長している。それを実現させているのは、確固たる戦略に基づいて、組織、業務、テクノロジーが、齟齬なく結合していることによる。この4つを順番に見ていくことで、ビジネスにおける一貫性の重要さを感じていただけるだろう。

　その前に、ENGIEの成長を裏づける多様性に富んだ経営陣に軽く触れたい。取締役15名のうち64%が社外取締役、4つの委員会の議長は社外取締役が担い、55%が女性と数字を見るだけで十分に多様、それ以上に個々の役員の経歴の多様さにも驚かされる。

※　正確にはEBIT（Earnings Before Interest and Taxes＝利払前・税引前利益）

図①　ENGIEの首尾一貫した改革アプローチ

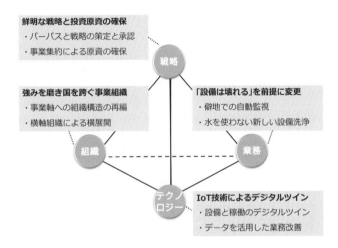

鮮明な戦略と投資原資の確保
・パーパスと戦略の策定と承認
・事業集約による原資の確保

戦略

「設備は壊れる」を前提に変更
・僻地での自動監視
・水を使わない新しい設備洗浄

業務

強みを磨き国を跨ぐ事業組織
・事業軸への組織構造の再編
・横軸組織による横展開

組織

テクノロジー

IoT技術によるデジタルツイン
・設備と稼働のデジタルツイン
・データを活用した業務改善

出典：SAPジャパン

戦略：意思表明と新規事業への原資確保

　ENGIEは元フランスガス公社。かつては国営でフランス国内向けのガスの生成と供給を主事業としてきた企業である。2019年にサステナビリティを重視したパーパスと経営戦略を発表。経営層だけでつくったわけでも、外部コンサルタントがつくったものでもなく、従業員や顧客、投資家、市民団体と一緒につくったもので「ENGIEの存在理由は、エネルギー消費の削減と、より環境に優しいソリューションを通じて、カーボン・ニュートラルな経済への移行を加速するために行動すること」という内容だ。2020年には

株主総会での同意を得て会社の定款に加え、そのコミットメントを社内外に示している。

戦略の柱は、再生可能エネルギー事業への注力である。ENGIEは、以前水道事業も行っていたが、2020年にその事業の株式をヴェオリアに売却。その額は34億ユーロ（約5,000億円）。この原資を再生可能エネルギー事業への投資に充てた。また、2045年までにNet Zero（CO_2排出および温室効果ガス排出のゼロ化）を実現するという目標を掲げ、2027年までに石炭火力発電をゼロにする計画である（2015年時点で15GWの発電をしていた事業を2020年にはすでに4GWまで減らしている）。

同社のサステナビリティを重視する戦略は従業員からも強い支持を得ている。ENGIEで働く人々の90%は同社で働くことを誇りに思っている。対2019年比で10ポイント向上した従業員のエンゲージメントスコアからもそのことが伝わってくる。

組織：国横断で、事業の強みを磨く

ヨーロッパのユーティリティ企業の多くは、ビジネスのグローバル化を進めており、ENGIEも継続的に海外企業の買収を行っている。競争が激しい中、事業ごとの強みを磨き続け、蓄えた技術や知見を横展開できるよう、以前は25あった地域別組織を2021年に事業軸別の組織に改編している（図②）。

組織改編に先立つ2018年には、世界各地でバラバラだった100以上のERPを統合するプロジェクトを実

図② ENGIEの組織構造

	フランス	ヨーロッパ (フランスを除く)	北米	南米	アジア、中東、アフリカ
RENEWABLES 再生可能エネルギーによる発電事業					
NETWORKS ガス流通事業					
ENERGY SOLUTIONS 暖房や冷房の集中提供事業					
THERMAL & SUPPLY 火力発電事業					

※ビジネスラインごとの組織

他に2つのビジネスラインを持つ

機能組織
事務総局 / 戦略 / 研究開発 / 広報 / グローバル事業支援
財務経理 / CSR / 調達購買
デジタル / IT
人事

出典：SAPジャパン

施し、買収した企業も含めた経営に関わる用語や指標を共通化。全世界の事業の状況が、いかなる社員でも即座にわかる環境を構築している。

研究開発やデジタル／IT部門は共通の支援部門と位置付け、地域や事業を横断した技術の展開の促進を図っている。たとえばデジタル／IT部門は、かつては地域別の組織に所属して物理的に散らばっていた2,000名のデータ分析専門家と1,000名のIT開発者を、一つの組織に集めた形だ。過去には散発的に300ものさまざまな実証実験が行われてきたが、実業務への適用が困難という課題を抱えていた。新組織では、各事業と優先順位を協議し、集約と実業務への試行段階からの早期適用を進め、重要プロジェクトの成功と展開を確かなものにした。

図③　ENGIEの事業別・地域別の利益（EBIT）

FY 2022 (€m)	フランス	ヨーロッパ（フランスを除く）	北米	南米	アジア・中東・アフリカ	その他	合計
RENEWABLES	375	313	172	796	9	-39	1626
NETWORKS	1675	49	-3	658	0	-8	2371
ENERGY SOLUTIONS	311	148	23	-5	58	-123	412
THERMAL	0	1278	44	51	417	-22	1768
SUPPLY	-164	115	0	6	49	-13	-7
主要4事業の合計	2197	1903	236	1506	533	-205	6170

FY 2021 (€m)	フランス	ヨーロッパ（フランスを除く）	北米	南米	アジア・中東・アフリカ	その他	合計
RENEWABLES	273	117	-6	846	8	-47	1191
NETWORKS	1823	77	0	403	18	-7	2314
ENERGY SOLUTIONS	307	132	48	-5	27	-159	350
THERMAL	0	564	41	189	421	-32	1183
SUPPLY	202	28	0	0	25	-23	232
主要4事業の合計	2605	918	83	1433	499	-268	5270

ENGIE「FY 2022 FINANCIAL RESULTS」から筆者作成

出典：SAPジャパン

高利益の再生可能エネルギー事業

　事業は大きく4つの分野で運営されている。

1. RENEWABLES　再生可能エネルギー発電事業
2. NETWORKS　ガス流通事業（顧客は電力会社）
3. ENERGY SOLUTIONS　暖房や冷房の集中提供事業
4. THERMAL & SUPPLY　火力発電事業

　図③のとおり利益全体の27%はフランス国内のガス流通事業が占めている。

　注目すべきは、新規事業分野である再生可能エネルギー事業がすでに利益全体の26%を占めていることだ。

　活動の中心は南米である。

▌テクノロジー：ソーラーパネル予知保全

　ひと言で再生可能エネルギーと言っても、発電方法は太陽光・風力・地熱・中小水力・バイオマスと複数ある。しかも地域によってそれぞれの方法の発電効率が異なり、国ごとの規制や補助金も異なる。ENGIEは最も利益を上げやすい地域で最適な発電方法を採用し、ときには気候的に厳しい環境で業務の質を高め、全世界にその技術を横展開することにより業務効率を高めている。

　たとえばチリにある太陽光発電施設において、7,600枚のソーラーパネルとインバーターに対するデジタルツインによる予知保全を実現した際には、保全コストを45%削減。保全に関わる交換部品や人件費などを半減させる大きな成果を上げた。その仕組みはIoT技術によってセンサーから発電量とともに温度や振動など機器の状態が通知され、蓄積されたデータから故障の予測を行うというものだ。

　再生可能エネルギーを生成する発電設備での、IoT技術を活用した予知保全には確かなメリットがある。地球上の太陽光、風力、地熱などを発電に活用できる場所は、ほとんどのケースで人間が過ごす場所とし

図④ チリのソーラーパネルのデジタルツイン

チリにある7,600枚超のソーラーパネル

デジタルツイン

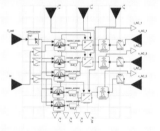

ヒューズ交換のための予測モデル

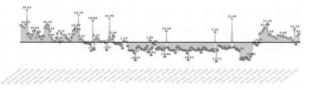

出典：SAP Innovation Awards 2022 Entry Pitch Deck

ての快適さが伴わない。テクノロジーによる前倒しの保全によって安定した電力供給を担保し、人は人にしかできないことに専念する。

それは、電力会社として今後も継続的に使命を果たすための理に適っている。

ENGIEのチリ法人であるENGIE Energía ChileのCOO Gabriel Marcuz氏はこのプロジェクトについてコメントしている。

> 「カーボン・ニュートラルへの移行を加速するという大志のもと、デジタルツインを使用して、太陽光発電所のメンテナンス活動を変革および最適化するための新しい方法を探求する必要があると確信していました。結果は刺激的で有望なものでした。発電損失の100%を正確に遠隔で把握できるだけでなく、実施された保全活動がパフォーマンスに与える影響を体系的に評価できます。私たちのデジタルツインは、効率を上げるために何をすべきかについて有益な洞察を与えてくれます」

本格的に電力を供給するメキシコの太陽光発電施設は80万枚のソーラーパネルを擁するが、チリの施設は実験場のため、パネルの数は7,600枚超。

ここではさまざまな実証実験が行われ、磨かれ確かめられた技術が、全世界の太陽光発電設備に展開されていき、さらには風力発電など他の事業にも展開されていく（図④）。

業務：前提は「設備は壊れる」

デジタルツインの取り組みの他に、設備の洗浄に対する実証実験も興味深い。

ソーラーパネルにとって汚れは大敵である。発電効率が下がり、故障の原因にもなる。太陽の光が強い地域は乾燥していることも多く、砂埃が舞うことも珍しくない。ENGIEは、従来の人が水をかけて洗浄する方法ではコスト効率が悪く、また大量の水を使うことは環境への負荷となり、しかも冷たい水による急激な温度差によってソーラーパネルの故障を引き起こす課題もあった。そこで、ソーラーパネル専用の掃除ロボットの開発を行った。この取り組みにおいても、デジタルツインを活用している。設備状況と発電状況をデジタルデータでモニタリングすることで、環境の特性に応じた最適な洗浄方法を識別する。

従来型の発電事業は、大型の設備が"容易には壊れない前提"で定期的に保守作業を行っている。しかし、太陽光発電事業に使うソーラーパネルは野ざらしの環境で利用され、量も多く、そもそも消耗品である。壊れた際には修理ではなくモジュール交換が主であり、保守業務のあり方そのものが他の発電方法とは大きく異なっている。

ENGIEによるソーラーパネルの予知保全は、太陽光発電固有の新たな技術の確立だけでなく、新たな業務プロセスの確立ともいえよう。

ENGIEはさらに前に進んでいく

　過去、民営化後に多国に展開し規模を求めてきたENGIEは今、パーパスで掲げたエネルギー消費の抑制に向けて、再生可能エネルギー事業に注力する戦略を掲げ、地域別から事業別の組織に変革し、新たな業務プロセスと技術を獲得してきた。その改革はパーパスの実現に向けて社会を変える活動へシフトしている。

　インターネットで、ENGIEとSustainabilityやInnovationというキーワードで検索するとさまざまな取り組みが表示される。電気・ガス・水道といった事業は社会インフラであり、消費財企業と比べると、人々にその事業を意識されることは少ない。SAPのInnovation Awardsをはじめ、ENGIEはエコシステムパートナーとの関係を通じて取り組みを発信することで、多くの人々に活動を周知することを意識的に行っているように感じられる。

　ENGIEは再生可能エネルギー事業での確固たる収益を実現した後、Act With ENGIEという活動を始めている。

　市民に「もし共通善の実現が、すべての人の協力で成しえるものなら？」と問いかけ、ともに活動をすることを呼びかけるものだ。そして、市民とENGIEがともに行ったプロジェクトについても紹介されている。たとえば、大気汚染への対応のプロジェクトでは、1,700名へのアンケート調査の実施や、有識者や議員、

100名のボランティアが参加しての討論。そこから生まれたアイデアは他企業を巻き込み2年間をかけて形にしていくという取り組みが掲載されている。

ENGIE Foundation は、ENGIE と志をともにする組織や団体を、資金面を含め支援する財団である。誰でも同団体のホームページからプロジェクトの申請を行うことができ、審査が通れば資金面に加え広報活動などの支援を受けることができる。財団はこれまで25年にわたり25か国の1,000のプロジェクトを支援してきた。2022年もENGIEから財団に10億円相当の資金提供が行われている。

脱炭素の活動について未解決の問題の一つは測定と開示の方法だ。ENGIEはその点についても動き出している。2021年5月、さまざまな専門家と協業し測定の指標を作成、他の企業にもこの取り組みへの参画を呼び掛けた。また適切な目標の設定方法について、前述の財団の活動を通じて外部組織との連携による試行錯誤を行っている。業界標準の基準ができるのを待てなければ、そのことで脱炭素の問題への勢いが衰えることがないよう、自らでつくり出そうとしているのだ。

市民の視点では次のように見える。引っ越しなどの際に電力会社を選ぶ。比較Webサイトが充実しており、複数の電力会社を、電力単価や電力とガスのセット割引など価格面だけでなく、グリーン電力を比較して選ぶことができる。ENGIEの電力契約に加入する

と同社の再生可能エネルギーへの取り組みの案内に加えて、家のエネルギー効率を高めるサーモスタットの案内、エネルギーを節約するさまざまなコツ、ゲームのようにエネルギー削減目標を設定し達成できた際にクレジットが提供されるMy ENGIE Bonus。暖房の温度を1度下げると7%のエネルギーの節約につながり既に400万人が平均7.7%のエネルギー節約を実現できているといったような各種の分析レポート。人々は普段の生活の中で少しの工夫を行うことでエネルギー問題に貢献できることを実感でき、また費用を節約することができる。そして、先に紹介した大気汚染について有識者を交えての討論の機会の案内や、何か活動を進める際には財団からの資金や広報の面での援助も期待できる。

　このような姿がAct With ENGIEを通じて市民が目にすることである。

　環境問題は誰しも重要なことだとわかっていても、なかなか一人ひとりが自分自身の行動に結び付けにくい。ENGIEはこれまで達成したことを背景に、広く市民を巻き込む段階に踏み込んだ。市民にとっては、自分のアイデアを持ってENGIE Foundationに参加すれば、具体的なアクションで課題に取り組んでいける。

　ENGIEが、社会活動をリードしている。

文：SAPジャパン　桃木 継之助

10億人のエネルギー貧困撲滅。スタートアップBboxxの挑戦

社会課題解決を自らの存在意義に掲げた若者たちがテクノロジーとエコシステムで未来を引き寄せる

SAP Innovation Awards 2022には、"Social Catalyst"という受賞カテゴリーがあり、SAPソリューションの活用を通じて、社会、環境、あるいは経済に対してポジティブな影響がある取り組みを表彰する。SAPのコーポレート・ビジョンである「世界をより良くし人々の生活を向上させる」が受賞クライテリアに織り込まれた唯一のカテゴリーだ。

このカテゴリーで表彰されたうちの1社であるBboxxは、アフリカにおけるエネルギー貧困問題を解決したいという想いから、持続可能なビジネスモデルを構築し、最新テクノロジーを活用して短期間でアフリカの国々に展開して、人々の生活を向上させた。社会的課題解決は、想いだけでは続かず、長期的に取り組む必要がある。そのためには、持続可能なビジネスモデル構築が不可欠。そして規模が拡大し、恩恵を受ける人々がさらに増えていく。

Bboxxはロンドンの3名の学生が設立した非営利団体を前身としている。非営利団体だったBboxxが、どのように営利団体になり、そしてグローバル企業へ変革したかその軌跡を紹介したい。

Bboxxのビジネスモデル

Bboxxのビジネスは、発展途上国における分散型太陽光発電システムの製造、流通、資金提供である。同社は展開先での販売流通サービスパートナーと戦略的パートナーシップを締結し、IoTテクノロジーを使用した包括的な管理プラットフォームBboxx Pulse®を構築することで、ビジネス規模を拡大している。分散型太陽光発電のリモート監視だけでなく、顧客管理、請求支払管理、ビジネスKPI管理、工事の進捗管理まで、幅広い業務をカバーしている。

Bboxxは、手頃な価格で信頼性が高い、クリーンなユーティリティの提供を通じて、発展途上国の人々をデジタルエコノミーに招き入れ、新しい市場を創出し、オフグリッドコミュニティ(電力会社に頼らずとも電力を自給自足している地域)や信頼性が高い送配電網が整備されていない地域で生活している人々の経済発展を可能にしている。

学生非営利団体からスタートしたBboxx

Bboxxは、インペリアル・カレッジ・ロンドンの3人の学生であるパキスタン系スウェーデン人のマンスール・ハユマン(現CEO)、イギリス人のクリストファー・ベイカーブライアン(現CTO)、ベルギー人のローラン・ヴァンホーク(現COO)がルワンダの小さなコミュニティに電力を供給することに焦点を当てた

非営利団体であるEquinoxを設立したことからスタートしている。

きっかけは、電気工学を専攻しているマンスールたちが、大学2年時に、友人と夕食を摂っているときに、なぜ人類の1/3が電気にアクセスできないかという会話で、疑問をもったことが発端だという。彼らは、その疑問を解くために、大学卒業までの間にルワンダでいくつかの電力供給プロジェクトを開始し、30万ドルを調達して500から600の家庭に電気を接続した。プロジェクトが終わりを迎える頃、世界中の多くの人々から問い合わせがあった。そのとき彼らは、巨大な市場の存在と、発展途上国全体に展開でき、かつ見通しの立つビジネスプランと組織があれば、成功の可能性があることに気づいた。つまり非営利団体活動で得た、独自製品の可能性、発展途上国でのビジネス経験、そして成功させられるという自信が元にある。そのためにはクリーンで手頃な価格のエネルギーを、エネルギーのない生活を送っている何百万人もの人々に規模を拡大して提供するためには、営利組織になって成長する必要があった。

2010年、マンスールたちはBboxxを設立した。

Bboxxのビジネス展開

Bboxxは、エネルギーの貧困を解決するという目標を達成するために、設立当初から、いかにしてビジネスをグローバルに迅速に展開するかを検討していた。

彼らのスピード感は野心的かつ具体的で、5年以内に10カ国から23カ国に拡大するというもの。

　まず彼らが着手したのは、グローバルレベルのサプライチェーン構築であった。クリストファーがProduct divisionのHeadとなり、中国の広州で初めてのオフィスを開設し、製造拠点を確立した。広州では、部品調達、製造、品質管理の機能を担い、アフリカの販売拠点に対して製品を供給できる体制を整えた。その後、ロンドンの本社で、デバイス設計部門とソフトウェア部門を立ち上げた（P106 図①）。

　ローランがCapital divisionのHeadを担い、進出国の販売・マーケティング・マネジメント・投資管理を担当した。彼はルワンダに拠点を置き、グローバル財務管理も担当している。

　Corporate divisionはマンスールが担い、企業戦略、マーケティング、法務、人事、経理業務を担当した。

資金調達および大企業との提携

　Bboxxのようなベンチャー企業にとって、特に資金調達は重大な課題だった。ベンチャーキャピタルとの交渉および資金調達は、CEOのマンスールが担った。エネルギー貧困の解決に一番熱意を持っていたのが、実体験のあるマンスールだ。彼は、1988年にパキスタンで生まれ、スウェーデンで育ち、その後ロンドンに留学している。幼少の頃にパキスタンに住んでいた経験から、発展途上国の課題を最も理解していた。そ

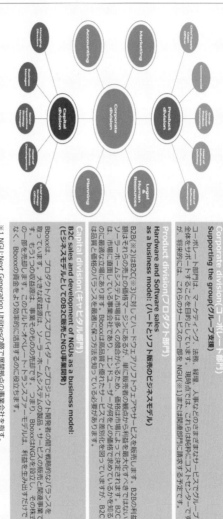

Corporate division(コーポレート部門)
Supporting the group(グループ支援)

コーポレート部門は、マーケティング、法務、経理、人事などのさまざまなサービスでグループ全体をサポートすることを目的としています。現時点では、これらは戦略的にコストセンターですが、将来的には、これらのサービスの一部を、NGU(※1)または関連部門に請求する予定です。

Product division(プロダクト部門)
Hardware and Software sales as a business model: (ハードとソフト販売のビジネスモデル)

B2B(※2)はB2C(※3)に対してハードウェアソフトウェアサービスを販売します。B2Bの利益はそれらの売上の価格マージンにあるが、単に販売者の観点から利益を最大化すべきではない。ソーラーホームシステム市場は多くの競合から成り立つため、価格は市場にしようと決定されます。B2Cは、市場に直面している事業会社であり、エンドユーザーが何をどの価格で求めているかを知るのに最適な立場にあります。Bboxxは商品品質と思われたサービスで差別化を図っていますが、B2Cは品質と価格のバランスを最適に保つ方法を知っているの要があります。

Capital division(キャピタル部門)
B2C sales and development of NGUs as a business model: (ビジネスモデルとしてのB2C販売とNGU事業開発)

Bboxxは、プロダクト・サービスプロバイダーとプロジェクト開発者の間で戦略的なバランスを取っています。大きな収益源は、ソーラーホームシステムの製品・サービスの販売と関連事業です。もう1つの収益源は、事業そのものの売却です。つまり、Bboxxは、バリューチェーンステ、このビルド・オペレート・トランスファー・モデルは、利益を生み出すだけでなく、Bboxxの資金をより効率的に活用するのに役立ちます。

※1 NGU:Next Generation Utilitiesの略で展開拠点の事業会社を指す。
※2 B2B:Bboxx Ltd と100%子会社を指す。
　　Bboxx NGU(Bboxxの100%子会社)とサードパーティNGUが存在する。
※3 B2C:サードパーティNGUの事を指す。

出典:Bboxxのホームページより、筆者翻訳

の半面、イギリスやスウェーデンといった先進国での
エネルギーテクノロジーを把握していることも、彼の
強みである。

　当初、投資家との会話では、新興国でのビジネス展
開は慈善事業だと思われ、マンスールたちに賛同し
てくれるベンチャーキャピタルは皆無だった。しかし、
Bboxxの、リモート監視が可能で、かつモバイル決済
と統合した太陽光発電システムの優位性を理解した
著名なベンチャーキャピタル、Khoslaがシリーズ A と
して2013年に資金提供を表明すると、Bboxxの知名度
が一気に向上する。

　そのことで大企業と連携が容易になり、2016年に
はフランスの電気・ガス事業者の大手ENGIEからの
資金提供を受けて太陽光発電システムに関する技術
提携、フランス通信大手Orangeとのモバイル決済の
技術提携、2019年にはVodafone（イギリス）とのIoTプ
ラットフォームに関する技術提携が実現した。

データドリブン経営の必要性

　設立当初から拠点が三大陸に分散し、少数のメン
バーで効率的に課題解決しながら業務連営するため
には、同じデータを共有しながら、経営の意思決定
をするデータドリブン経営が不可欠だった。Bboxxは、
グローバルレベルのサプライチェーン管理、拠点の
マネジメント、投資家への財務開示を実現するため
のプラットフォームを検討していた。ミレニアル世代

の彼らは、生まれたときからインターネット、続いてSNSが普及した世代であり、データドリブン経営は当たり前の感覚。迅速な事業展開と定着化には、グローバルレベルで一貫性ある業務プロセスのベストプラクティスと自動化を必要とした。具体的な要件は、財務会計、サプライチェーン、在庫管理の最適化、自社のIoTプラットフォームであるBboxx Pulseとの連携。そしてこの先のビジネス規模の拡大に対応可能なクラウドベースのプラットフォームであることも重要な要件だった。同社のグローバルビジネス展開を支援し、十分な柔軟性と革新性を備えた戦略的グローバルパートナーとしてSAPが採用された。

Bboxxのビジネスモデルを支えるSAP

SAPが採用された理由は、2点ある。

一つ目は、テクノロジーの優位性であるSAPが提供する「GROW with SAP」という超成長企業向け専用プログラムによって、SAPソリューションSAP Business ByDesign®をサプライチェーンおよび財務のクラウドプラットフォーム業務に適用可能なこと。

2つ目は、コーポレート・ビジョンの一致である。両社はともに「世界をより良くする」を掲げる。SAPのコーポレート・ビジョンは前述の通り。Bboxxのコーポレート・ビジョンは「エネルギーへのアクセスを通じて、人々の生活を変革し、可能性を解き放つ」である。

SAP Business ByDesign、財務、サプライチェーンソリューションは、業務プロセスの広範な自動化と、SAP Business ByDesignに組み込まれたベストプラクティスの使用により、大幅な業務効率化を実現。財務およびサプライチェーン向けのクラウドベースのシングルインスタンスにより、Bboxxはグローバルで標準化された業務プロセスを実現し、展開国の法定帳票のニーズにも対応することが可能になった。

■ 展開スケジュールとスコープ

* フェーズ1：2021年5月、対象は中国
* フェーズ2：2021年9月、対象は英国、フランス、ルワンダ
* フェーズ3：2021年12月、対象はコンゴ民主共和国、ケニア、トーゴ、ナイジェリア

フェーズ3では、SAP Business ByDesignとBboxx Pulseを統合した（P110 図②）。

導入効果

■ ビジネスおよび社会への効果

①数百万人にクリーンで信頼性の高い手頃なエネルギーを提供

②国連のSDGs 7（すべての人々に手頃な価格で、信頼性が高く、持続可能で現代的なエネルギーを提供）に直接貢献

③35,105人のビジネスを支援し、その結果、78,846,917ドルの追加収入を獲得

④CO_2e（二酸化炭素および黒炭素）排出量を681,449メト

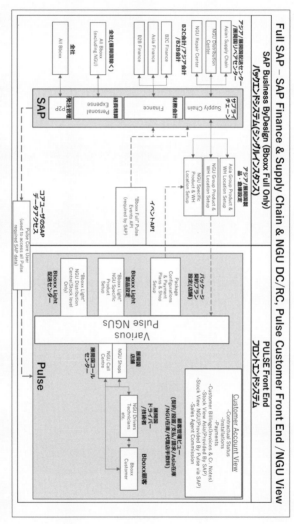

出典：SAP Innovation Awards 2022 Entry Pitch Deck

リックトン削減

さらに、農村部については、より具体的な効果が上がっていることを特筆したい。

①手頃な価格の電気を使用することにより、子どもが関わる事故の49%削減

②太陽光発電による灌漑システムにより、農場の収量が300%増加、農家が10倍の増収

③Bboxx Cookクリーン調理ソリューションにより、室内の汚染を90%削減

④ユーザーの92%が手頃な価格のインターネットサービスに接続

⑤PAYG（従量課金）サービスによるモバイル決済の実現

■ ITにおける効果

①三主要大陸にわたる高度なサプライチェーン、財務と会計、および顧客サービスを提供

②業務から得られるデータの可視性、透明性、および品質の向上

③統合されたSAPソリューションの採用により、Bboxxの経営基盤は、ビジネスの成長に伴う負荷をより適切に処理可能。SAPソリューションを導入することにより、正確な財務情報が提示可能であるため、投資家の信頼を得ることができ、Bboxxの資金調達にも寄与

■ 人への効果

①灯油や従来の代替燃料よりも安価であり、安全性、信頼性が高く、健康と環境に良いオフグリッドソー

ラーの利用

②灯油などの燃料から太陽光発電に切り替えること
により、1世帯あたり年間平均200ドルの節約

③126,585人がBboxx製品を使用し、より多くの経済
活動を活性化

Bboxxの成功要因

Bboxxが、もっとも重視するのは人であり、それが
成功を支えている。10億人の生活や生命に直接的に
関わる課題の解決に取り組んでいるだけに、その使
命に情熱を傾け、献身的に取り組んでいる有能な個
人で構成されている。

2つ目の成功要因は製品そのもの。モバイル決済と
連携し、独自の太陽光発電システムおよびそれを監
視するIoTプラットフォームBboxx Pulseに最新テクノ
ロジーを活用した、既存インフラが存在しない地域が
多い発展途上国のニーズにマッチした製品を持って
いる。

3つ目はデータドリブン経営である。本社がイギリ
ス、製造拠点が中国、販売拠点がアフリカ諸国に分
散しているため、空間・時間を問わないオペレーショ
ンには、共通の経営管理情報を用いてコミュニケー
ションできることが不可欠だ。

そして特徴的なのは、企業との連携モデルである。
フランスの電気・ガス事業者の大手ENGIE、フランス
の通信会社Orange、イギリスの通信会社Vodafone、そ

してERPソフトウェアのSAPから、技術提携だけでなく社会的信頼を確立したブランドとのシナジー（物理的な基盤と社会的基盤）をつくることで、技術提携と資金調達を容易にし、より成長を加速できている。

Bboxxの今後

Bboxxのさらなる目標は、新しい領域（市場）への拡大だ。世界中の約10億人以上の人々が信頼できるエネルギーにアクセスできない現状があり、Bboxxはそのギャップを埋める努力を続けている。

そしてSAPは、戦略的グローバルパートナーとしてBboxxとともに、発展途上国の電力アクセスを加速し、人々の生活の変革を引き続き支援していく。

次世代に持続可能な世界を残すことを実際に手掛けているBboxxの取り組みを深く調べる機会を得たことで、ビジョンやパーパス、先進的でユーザーニーズに応えた製品、データドリブン経営といった時代に即したテーマをお手本のように実践していることだけでなく、大企業との提携を成長のエンジンとしていることは、無意識に既存の大企業側の立場でものごとを捉えがちだった私にとって、普段の意識から離れたことでの気づきと学びがあった。これからも成長するBboxxのストーリーを読んでくださった方にも、同じような思いを届けられることを願う。

文：SAPジャパン 武田倫邦

ビジネスと社会を支える、人を中心としたアプローチ

サービス技術者は公共インフラの要人に寄り添い
解決へ導く Netze BW

Netze BW GmbH（以下、Netze BW）は、再生可能エネルギー生成、電力および電気通信ネットワーク管理、エレクトロモビリティ、スマートで持続可能なエネルギーソリューションの分野で、住宅および商業顧客にサービスを提供しているエネルギーインフラ管理企業である。

200万人を超える消費者が Netze BW の低圧、中圧、および高圧送電網からサービスを受けるために、177,000を超える太陽光発電所がこれらのネットワークに接続されている。ドイツのバーデン・ヴュルテンベルク州に本社を置き、2023年3月現在、従業員4,998人、訓練生（学生）633人によって、24時間365日、休むことなくサービスを提供する。Netze BW のサービス技術者は、公共インフラの保守を担当するビジネスの要である。広範囲にわたる送配電網、ガス・水の配給網の保守は、地域住民の平穏で当たり前の普段の生活、企業の継続的で安定したビジネス運営、結果としての安定した地域経済につながり、公共インフラを黙々と維持メンテナンスし続ける、彼ら縁の下の力持ちのおかげで成り立っているのだ。

　しかし、Netze BWは潤沢なサービス技術者を抱えているわけではない。労務費、つまりコストの問題というより、電力業界においても労働力不足が常態化して、人材確保が難しいからだ。そのため、限られた人員で広範囲のインフラを保守する必要があり、ほとんどの保守作業はひとりで行われているのが実情となっている。さらに24時間365日の運用の中では、過酷な状況下での作業を余儀なくされることを含んでいる。灼熱の炎天の時期もあれば、極寒の時期もある。農村地域、山間部、あるいは豪雨、豪雪などの災害時など、危険すら伴うことが容易に想像できるが、それでも極力住民の生活、社会経済を止めない前提の保守作業をしなければならない。

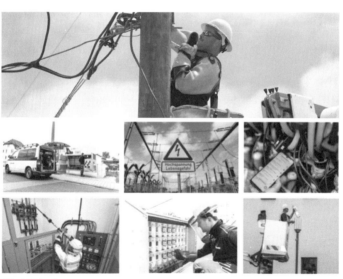

出典：SAPジャパン

作業タスクも非常に多岐にわたる。状態に応じて保守パーツを適切に特定する必要があり、サービス技術者には高いスキルが求められる。一方、サービス技術者の管理者は、多くの場合、保守現場にいられないにもかかわらず、現場で事故や緊急事態が起きた場合は、従業員の健康と生命の安全を確保するために、即座のアクションが求められる。

潜在的な負担が大きいサービス技術者を抱え、過酷な環境下におけるひとり作業の安全を確保しつつ、広範なインフラを守り続けていかなければならないNetze BWにとっては、従業員の働く環境を整えることが、会社としての重点課題となっていた。

デザイン思考を用いたイノベーション

どうしたら課題を解決できるか。Netze BWは、サービス技術者に焦点をあて、課題を解決する方法を模索していたところ、SAPがデザイン思考を用いたイノベーションの取り組みをしていることを知った。Human Centered Approach to Innovation（図①）と銘打った取り組みは、「人」の体験を中心に据え、変革の対象となる課題・ニーズの発見から適用施策のデザイン、さらにそれを形にし、最終的に大きく展開していくところまで、ユーザーや従業員など「人」の体験価値にフォーカスしながら進めていく点に特徴がある。このアプローチでは、参加者は通常業務から離れてワークショップ形式で身体と頭を使うため、新たな気づき

図①　Human Centered Approach

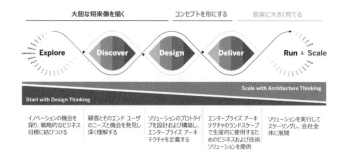

出典：SAPジャパン

を得られやすいのも特徴だ。

　課題・ニーズを発見するDiscoverフェーズでは、将来像に関するアイデアを創出するためにデザイン思考の手法を活用。さまざまな立場の人が、課題を抱える「人」に共感し、コラボレーションしながら解決策となる将来像のアイデアを創出する。

　Designフェーズでは、アイデアを目に見える形にするために、アーキテクト思考を用いたプロトタイピングを実施する。プロトタイピングにはさまざまなレベルがあり、紙芝居的なものから、解決に必要とされる要素を盛り込んだ画面を構築する場合もある。その目的は、描きたい価値を具体的な形にすることで、関係者間での共通認識を醸成することだ。

Deliverフェーズでは、プロトタイプを元に小さく実践していき、対象となる「人」からのフィードバックを得ながら大きく育て、成果を上げていく。

サービス技術者、つまり「人」の体験を変革しようと模索していたNetze BWは、この取り組みに興味を抱いた。

サービス技術者に寄り添い解決策を模索

2021年の後半、ドイツ・ハイデルベルクのSAP AppHausにて、AppleとSAPが共同で行うワークショップ（Apple-SAP Mobile App Design Workshop）が開催された。このワークショップの特徴は、デザインシンキングの手法を用いた将来像のアイデア創出だけに留まらず、SAPおよびAppleの製品を活用して、短期にプロトタイピング構築まで行う点にあった。すぐにNetze BWは実施の方向でSAPと調整した。

Netze BWが参加したワークショップでは、具体的な作業によって確実な成果を得ていった。

■ Explore・Discoverフェーズ

ワークショップの冒頭であるExplore・Discoverフェーズは、現状の理解と目的の整理になる。ワークショップ参加者は、Netze BWのIT技術者に加えて、実現場で保守するサービス技術者も加わった。

目的が「いかにサービス技術者の安全衛生を強化するか？」、ペルソナは「家庭を持つサービス技術者」

に決まった。

　次に、"Day in the life"、ペルソナである「家庭を持つサービス技術者」のある1日の仕事を、デザイン思考の手法を用いて明らかにする作業を行った。オンサイト調査だけは、フィジカルにサービス技術者の仕事を観察するシャドーイングを行い、実際の仕事から具体的な作業内容を洗い出した。さらに、その仕事を行っているときのサービス技術者に共感することで、作業者が感じる不安や苛立ち、達成感、充実感などの感情も表に出し、対処すべき課題を明らかにした。加えてサービス技術者の家族の気持ちになり、危険な仕事なので無事に帰ってきてほしいという感情もあることに参加者一同が共感し、解決策を講じるにつれて、皆熱い想いを持ち始めた。

■ サービス技術者の日常

- 大半の作業は単独で行われる
- 膨大かつ多様なインフラを日々保守している
- 請求書の未払い発生時、電源オフ作業も実施

特に、サービス技術者にとって、緊急事態が現場で発生しても、誰も助けてくれない可能性のある脅威のリスクは常に残る（特に夜間の農村部作業）。

■ 明らかになった改善ポイント

- 適切なサービス技術者を派遣することの効率化
- 作業に必要なすべてのデータへの迅速なアクセス

- 作業ステータスのタイムリーな共有
- 損傷部品の情報を、サービス技術者が即時反映
- 安全・安心を感じる作業環境を提供
- 緊急時、担当部門へ即時通知
- 損失時間、傷害率の削減

　目的や課題の設定は、ワークショップの成果を左右する。ワークショップの最初から現場のサービス技術者が参加したことが、ワークショップを通じた実際の成果に繋がったポイントであった。

■ Design・Deliverフェーズ

　ワークショップの後半ではアーキテクチャ思考を用いたプロトタイピングを実施。Discoverフェーズで整理された保守業務と改善ポイントを元に、解決するために必要な要素について議論を重ねた。管理者とサービス技術者が離れていても、作業ステータスや緊急事態を即座に把握できるようにするための仕組みを、業務に沿ってスケッチしていき、将来的なTo-Be像を紙芝居的に描いた。描いたプロトタイプを元に、サービス技術者のある1日を疑似的に体験するウォークスルーを行った。その結果、将来像について参加者間の共通理解を得られた。

　その後、SAP技術者とNetze BWの社内開発者は、ユーティリティ業界向けのSAPソリューションとApple Watchを連携させたNeWa(Netze Watch)と呼ぶ

サービス技術者用アプリを1週間で構築。サービス技術者は、割り当てられた作業指示書を常に最新の状態に保つことができ、アプリからSAPシステムにデータを直接更新することも可能に。管理者向けには、リモートでサービス技術者を見守るSafety Control Towerという名称の新たな役割を設定、構築した。NeWaから得られる作業実績だけでなく、サービス技術者の心拍数や、衝突や事故の兆候があったかどうかも把握できるようにした。解像度の高い画面やApple製品との連携により、将来を見据えた具体的なプロトタイプを完成させて、Netze BWのサービス技術者にお披露目された。

■ 具体的な安全衛生に関する新機能

安全衛生に関する新機能として「Job Timer」と「落下検知」をプロトタイプに組み込んだ。緊急事態時の事故の早期発見と事故対応時間の削減、何よりサービス技術者に安全な作業環境を提供する重要な機能である。

■「Job Timer」

サービス技術者は、Apple Watchを使って作業時間をタイマーで設定する。タイマーがキャンセルまたは延長されずに予定時間を過ぎると、Safety Control Towerに通知され、常時把握される作業者の位置情報と、タイマー超過時間に応じて、救急隊の手配など必要な措置を講じる。

図② NeWaアプリの図

サービス技術者が利用するNeWaアプリ

左からApple Watchによる Job一覧、Jobタイマー、オーディオレコーディング、各種ヘルスデータ

Safety Control Tower
安全管制塔から現場サービス技術者を管理する画面

出典：SAP Innovation Awards 2022 Entry Pitch Deck

図③ 計画中のアーキテクチャ

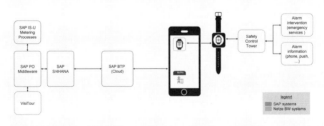

出典：SAP Innovation Awards 2022 Entry Pitch Deck

■「落下検知」

　サービス技術者が滑落や転倒した場合、Apple Watchが自動的に救急隊に通知する。

■ Run＆Scaleフェーズ

　Netze BWはこの新たな仕組みを、一部地域のインフラ保守作業からパイロット運用を開始した。サービス技術者がNeWaアプリを使うと、効率性を実感し、管理者からも見守られている安心感が得られ、具体的な効果が把握されることに応じて展開地域を拡大していった。

　一連の取り組みを通じて得た効果や実績が自信となって、Netze BW全社としてイノベーションの道を歩み続けることを後押しした。新たな検討も、「人」を中心としたアプローチで実践していくという。習得したデザイン思考、アーキテクチャ思考を駆使することで、従業員にとっての働きやすい環境を提供されることで、地域住民の安心した生活、安定した社会経済に貢献していく（図②、③）。

■ メリットおよび成果

- 要員管理の効率が48％向上
- サービス現場に必要な情報取得の迅速化
- 事故現場でのダウンタイム削減
- サービス技術者のウェルビーイング向上
- 最新デバイスの活用によるモチベーション向上
- モジュール型のアーキテクチャによる拡張性

「人」は最重要な経営リソース

Netze BWは、このサービス技術者支援システムに独特のネーミングを施した。「Guardian Angel」。日本語ならば"守り神"といったところか。

夜間の農村部でひとり保守作業を行う不安なサービス技術者が、Apple Watchを身に着けることで、Safety Control Towerにいる管理担当者と常につながり、アクシデントがあってもすぐに対処されることによる安心感、安全感が込められている。たとえベテランでも、過酷な環境下でこのような"守り神"があると安心だろう。デジタルネイティブな学生や訓練生にとっては、最新デジタル技術によって作業タスクも効率的に把握でき、経験豊かな先輩からリモートで助けてもらえるユニークな仕掛けがあることで、直接的な安心感だけでなく、従業員に対して全面サポートする魅力的な会社として受け止められるのではないだろうか。

「人」は、過酷な仕事環境では、肉体的にも、精神的にも擦り減っていく。

Netze BWが実践した「人間中心のアプローチ」は、作業を行う「人」のことを第一に考え、最新デジタル技術を活用することで、業務効率化のみならず心理的不安を取り除き、安全で働きやすい環境の提供を目指している。不安なのは作業者だけではなく、日常を共にする家族も同様だ。毎日安全に元気に、彼・

彼女が家庭に帰ってくることを願っている。会社を上げて安全・安心な仕事環境構築に力を入れるのは、Netze BWが「人」こそが最重要な経営リソースだと理解しているからだ。

主人公は人間、テクノロジーではない

欧州で進めるIndustry4.0に新たなテーマが3つ加わってきている。

「サプライチェーンの回復力」と「サステナビリティ」の2つは、コロナ禍で起きた環境変化への対応として議論が進んでいる。もう一つが「人間中心のアプローチ」だ。

AIやIoTなど、テクノロジーが進歩し自動化が進む時代、テクノロジーと人間はどのように向き合うべきか。人間がテクノロジーに合わせるのではなく、人間のニーズや利益を起点にテクノロジーを活用していくべき、という考えが根幹にある。

Netze BWの取り組みは「人間中心のアプローチ」を実践している。

Netze BW がSAP Innovation Awards 2022で受賞したAdoption Superheroも、それまでのビジネススタイルから脱却したインテリジェント化を実現した取り組みを讃えるものであり、この2つの事実から得られたインサイトを、私自身がまず肝に銘じておきたい。

文：SAPジャパン **柳浦 健一郎**

変革は創業理念に根差して……。大和ハウス工業のビジネス改革

「建築の工業化」を導入したイノベーターは、顧客体験価値向上を目指した変革を推進する

「ダイワマン」や「D-room」などのTV CMでは、視聴者をクスっと笑わせるユーモアが光る。しかし、大和ハウス工業の企業文化は全く異なるものだった。

「建築の工業化」というイノベーションで業界のリーディング企業となった同社。この背景には、猛烈に業務と成長のスピードを上げようとした会社と、それを可能ならしめた「リアルなダイワマン」たちの頭脳と体力の奮闘があった。

創業以来68年、外部からは順調な成長の歴史であったように見える。そして現在、同社はその成長をさらに加速させようとしているようだ。

同社の文化や理念はどのようなものか。そして今後の成長を支えるIT部門のあるべき姿は。

寒かった今冬にもかかわらず早咲きの桜の開花を迎えた季節のダイナミズムを感じつつ、飯田橋の東京本社にデジタルトランスフォーメーション（DX）を推進する松山竜蔵氏を訪ね、同社の創業理念と成長の歴史、そして今後の変革の方向性について貴重なお話を伺うことができた。

堀川：ここへ伺う道すがら、すでにかなり咲いている桜もありましたよ。綺麗でした。

松山：私としては少しジレンマを感じます。当社は、気密性を上げてエネルギー効率の良い家をつくってきました。しかし、夏は涼しく、冬は暖かいため外で何が起こっているかわからない。「えー、こんなに雨が降っているの！」となります。季節の移ろいが何となくわかるような家が良いのではないかと。

　私が京都に住んでいるので、なおさらそう思うのかもしれません。季節に合わせて敷物や、襖、障子を替えてみたい。日本には季節感が大切ですが、大和ハウス工業の家は「年がら年中、春と秋」（笑）。とても過ごしやすい。季節感を取り込めれば、なお良いと思いますけれど。家は文化ですからねぇ。

変革を継続してきた大和ハウス工業

堀川：御社は長い変革の歴史をお持ちです。まず、現在の御社や企業文化についてお聞かせください。

松山：大和ハウス工業は、シベリア抑留から引揚げて
きた石橋信夫が1955年に創業し、今年で69年目にな
ります。創業期の商品が「パイプハウス」。鉄道の線路
端に資材を入れる小屋で、鋼管（パイプ）でできていま
す。これがすでにイノベーティブでした。

堀川：そもそも建物は、現場に資材を搬入し、そこで
部材を組み立ててつくりますよね。

松山：その通りです。それを規格化。工場で部材をつ
くり、ワンセットで現場に持って行き組み立てる。次
に子どもたちの勉強部屋としての「ミゼットハウス」
が日本のプレハブ住宅のはしりになりました。

堀川：ベビーブームで子ども部屋が足りない社会課
題への対応だったのですよね。

松山：夕方なかなか帰らない子どもたちを見た石橋
が理由を尋ねたら「ウチが狭くて遊ぶ場所がない」と。
それでハッと潜在需要に気づいたのです。これらの需
要を満たすために「さまざまな部屋をつくる」ことが、
次第に戸建住宅の建設に繋がっていきます。

堀川：なるほど。

松山：たとえば「住宅ローン」の先駆けを初めてつくっ
たのも当社です。デベロッパーとして団地を開発し、
大和ハウス工業の家を建てて、民間の金融機関と提
携し、住宅ローンをつける。鋼管で倉庫をつくり、次
にアパートや店舗などを手がける。建物が大型化す
るとともに、当社も少しずつ大きくなっていくのです
が、それらの活動を通じて、大和ハウス工業の強みが
醸成されていくのです。

堀川：御社の強みをひと言で言うと。

松山：昨年、大和ハウスグループのパーパス（2055年に向けた"将来の夢"）の策定の中で、「我々の強み、弱み」の議論をしました。皆、異口同音に「土地の情報力」だと。たとえば農地でのアパート建設や、道際の空地での店舗開発など、徹底的に調べた土地情報を地主さんの節税対策に活かします。不動産経営では、建物は金融資産と同じで利回りが大切です。次に当社自身が投資・運用していきます。「不動産活用の出口」としてREITもつくりました。「土地を探す」→「建てる」→「使う」→「売る」→「探す」。このような土地活用サイクルを実現しました。

堀川：これが成長の原動力になって、すべてが繋がって成長してこられたのですね。

松山：いや、ディスラプティブ（途絶）なこともあります。先の地主さんの例では、出店企業と地主さんと建物を……。

堀川：「繋いでいく」と。

松山：そうです。でもそこで我々は不動産仲介手数料を不要にしています。一般の不動産業ではそれが利益の源泉ですが、大和ハウス工業は「建物の請負を当社に」と言います。手数料なし、は既存企業にはディスラプティブでしょう。イノベーティブでディスラプティブなことをやり続けてきたのです。

堀川：御社の成長の根底にある企業理念と文化は？

松山：石橋は「儲かるからではなく、世の中の役に立つからやる」と口にしていました。大和ハウス工業は、

過去猛烈に規模を拡大してきました。最近の決算でも4兆5千億円以上の売上高です。第7次中期経営計画（現中計）では、2026年度に売上高5兆5千億円を目指しています。2021年度の売上高はその10年前の2倍以上です。この成長スピードは社内にいる自分でも凄まじいなと思います。

堀川：それが可能な理由は。

松山：「大きな夢を持って前向きの行動をとれ」が石橋の教えでした。有言実行はパワーが要りますが、当社にはその文化があります。

堀川：私の実家でも30年ほど前に大和ハウス工業さんにお世話になりました。

松山：それは、どうもありがとうございます（笑）。

堀川：営業の方は日夜問わず、土日でも打ち合わせしておられた記憶があります。

松山：「夜討ち朝駆け」ですね。夜にも行くし、朝起きても居るし、という営業スタイルでした。最近は、さすがにできません。当社の営業は非常にパワフルです。考えてみれば、個人に何千万円もの商品を買ってもらうのは、生半可な信用ではできません。その点で当社の営業の信用度は高いと思います。

　こちらをご覧ください（社内資料「規模の拡大とSAPの導入」）。売上が2013年から一段と伸びているのがわかります。2012年にSAP ERPが稼働したのです。おかげでバックオフィスの人員はさほど増やさなくてもオペレーションは回っています。SAPは当社の成長の支えになっています。

堀川：それを伺って、とても嬉しいです。

松山：ただ、過去、個人依存の営業活動だったので、パワーとノウハウが属人的です。国内住宅供給はすでに楽に稼げる業種ではなく、人口減少で今後の拡大も悩ましい。私は情報システム部門担当として、デジタルの力で変革をサポートしたいと思います。

現在の中期経営計画とDX

堀川：現中計で初めて「デジタル」という言葉が出てきました。

松山：はい。以前の中計は3カ年でしたが、現中計は5カ年計画なので長期的に取り組めます。DXを掲げたのは今回が初めてです。

堀川：DXの重点エリアとして、「顧客体験価値の向上」「サプライチェーン進化」「技術基盤の強化」が挙げられています。特に松山さんの力点はどこにあるか具体的にお話しください。

松山：現中計に併せて「第7次IT中期計画」を策定しました。「顧客体験価値の向上」に対して「顧客向けID管理基盤の導入・展開」があります。サービスごとに発行されていたIDをグループ共通にするものです。マイページから、大和ハウスグループとの取引内容や家の補修履歴なども把握できるようにします。これは社員向けのシステムを社外に開放するものです。システムユーザーを「外にも開放する」感じです。

堀川：DXには、デジタイゼーション、デジタライゼー

ションと違いがありますが。

松山：自社内オペレーションのデジタル化は役に立ちますが、効率化にも限界は来ます。作業時間が1時間から5分になっても、ゼロにはなりません。しかし、お客様や取引先の参加があれば、劇的に変えることができます。図面や工程情報を共有することで、初めてDXが現実味を帯びます。現場側にも「建設DX推進部」があり、設計、調達、生産を含めたデジタル化を志向しています。「建設DX」のこれからの核はBIM（Building Information Modeling）です。3次元の部材データに付随した建設情報を上流から下流まで有効活用していきます。

図① 第7次中期経営計画重点テーマ

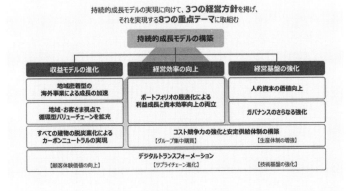

提供：大和ハウス工業

商談中、図面を描くときには部材が3Dモデルとして存在し、発注見込情報がサプライヤーとも共有されます。お客様が居住中に補修で必要な部材も事前に把握できます。BIMデータの活用は今後の鍵です。同時に「社内データの活用」基盤整備がIT側の重要な活動になっています。

堀川：BIMのデータで、社内プロセスに加えて社外プロセスとも繋げるのですね。IT部門からはそのような発想は生まれず、大和ハウス工業でいうと、営業・設計・製造・施工・補修などの現業部門が斬新なニーズを持つことが多いように思います。IT部門は、どのようにそれらの発想を受け止めていますか。

松山：現場側と我々は定例会で「ゲート審査（何をつくるべきか、つくるべきでないか）」を行っています。現業部門とITとの密接な関係が重要です。

また「DXアニュアルレポート」も作成し、DXのテーマと進捗をホームページで参照可能にしました。お客様を含む社外ステークホルダーとの情報共有です。

堀川：「チェンジマネジメント」の一環で、社内の人々へのメッセージ性も強いのでは。

松山：はい。もとは社内説明文書でしたが、「大和ハウス工業のデジタルに変える力」が「企業価値を構成する重要な指標」であると気が付いたのです。それに載せたいと社内やグループ会社から「こんなDXに取り組んでいます」と情報収集ができます。掲載されると自らの活動が公的に認められたことになりますから。それも「ガバナンス」の一つです。

東京本社での対談になった理由

堀川：松山さんはIT子会社のメディアテック社長の立場でもあります。大和ハウス工業と分社することで重視している点があればお教えください。

松山：本体の情報システム部門とIT子会社とを私が統括しているので、方針がずれたり反目したりすることはありません。本体はグループを含めたIT/デジタル戦略やアーキテクチャを策定するCoE（Center-of-Excellence）になるべきです。その方向性に沿って実現していくのがメディアテックの役割です。グループ会社が本社に対して「〇〇してくれ」とは言いにくいものです。ですが横並びのIT子会社になら言いやすい。そんな構造です。またデジタル人財の採用・育成は、本体で行うよりもIT子会社の方が便利です。1万何千人もの従業員の本体でIT職に特化した人事施策はつくれません。

堀川：つくり出された成果物を、実際の事業のためにCoEが「繋いでいく」わけですね。

松山：その通りです。大和ハウス工業の本社は大阪にあって、大阪のITでは会計や人事などのコーポレート系基幹システムを担当しています。一方、東京本社には「ビジネスフロント」ですべての事業本部があります。ビジネスとシステムとを結ぶITの役割は東京に設置し、事業本部ごとに組織化しています。事業本部ごとに一対一で話を聞き、その要望をIT内で昇華させるようにしています。

堀川：ITが事業本部の脇にいることが必須ですか。

松山：やはり離れてしまうと、声が届かない、吸い上げられないといったことが起こる可能性があります。また「つくってくれ」という要求を聞くだけでなく、「こういったものはどうか」というIT側からの提案も役割だと思っています。

海外需要の把握とビジネスモデル変革

堀川：ここで質問があります。現中計を拝見すると、今後の収益モデルの重点は海外事業です。今のお話によると、コーポレートが大阪本社、事業フロントが東京にあり、IT部門がそれぞれ密着していますが、今後は事業フロントが東京というよりむしろ海外全般に配置される中で、IT部門としてはどう対応されますか。

松山：事業ごとに海外伸長の濃淡はあります。一番濃いのは海外の住宅事業、北米エリアです。買収した複数企業が事業主体で、現状のITの成熟度合いもまちまちです。IT部門としてはリージョンの情報を共有する基盤を充実させる必要があると思います。IT部門のグローバル配置は課題です。事業の相談相手となることなど、ルール整備を含めて進めていきます。

堀川：そうだ、せっかくですから若い人にも聞いてみましょう。今日の写真撮影班は弊社でインターンとして働いてくれている学生さんなのですが、あなた、将来、家を建てるつもりはありますか？

インターン生：僕ですか？ 僕は海外に住みたいと思っています。海外を転々としたいのです。

松山／堀川：ほーぉ！

インターン生：一つの地域に留まるのではなくて。

松山：その考えはちょっと面白いですね。家を「所有」ではなくて「利用」したいのかもしれません。住む「ハコ」も重要ですが住む「コト」をどうつくるか、が求められていますね。

堀川：少しビジネスモデルが変わりますね。住宅は製品ライフサイクルが長いのですが、それを個人が「持つ」のか「利用する」のか。デベロッパーとしての大和ハウス工業の立場では、これまで「建築の工業化」を通して「手離れのよい商品」を送り出してきた。それを自社のアセットとして保持・運営して、繰り返し型の売上を立てていく新しいビジネスモデル、たとえば賃貸住宅とホテルの中間のようなモデルが加わる可能性がある、ということですね。

　先ほどのBIMを思い出します。「建築の工業化」だけでなくて「長く維持・運用するビジネスを支える」ときにこそ、そのデータは生きるはずです。

創業理念を再定義する時期に

松山：「建築の工業化」というフレーズが出ましたが、これは当社の創業理念です。私見ですが、この理念の再定義が必要な時期にきていると思います。創業時は「工場で部材をつくる」「現場で組み立てる」――こ

れが「工業化」の定義でした。

堀川：品質も均一化されますし、工程も短くなる。

松山：そのように一定の効果があったと思います。今では木造でも「プレカット」の生産プロセスは業界で当たり前になりました。では、現在における大和ハウス工業にとっての「工業化」とは何か。それは「建築の情報化」ではないかと思います。そこではBIMを活用した設計から利用までの繋がりが有効に働くはずです。少し先を想像すると、自宅の建物がメタバース上の仮想建物としても存在し、両方を同期メンテナンスしていくような……、そんな世界も遠くないと思いますね。

堀川：なるほど。そう考えると「建築の工業化」と弊社SAPの理念というのは似ているかもしれません。システム開発を説明する際に建築をメタファーとしてよく使います。「SAPがパッケージを提供する理由」ですが、たとえば、家族構成が4人で、親の職業は何で、などのデータから「モデル化された家」を適用することで家をつくる工期が短縮されるはず。

　我々もシステム導入工程の短縮を目的にパッケージ化を始めましたが、導入したシステムをユーザーが「所有」せず、クラウドベースの標準システムをどう「使う」かに焦点が移ってきています。業界は違いますが、理念、成り立ち、現在の立ち位置は近いと思います。故に、御社の海外を含めてのビジネス拡大に向けてのヒントが多くあるはずです。我々自身も「売り切り型ビジネス」から「使っていただく型ビジネス」へ

の転換に非常に苦労していますので。

松山：難しいのは、今のビジネスを継続しながら新しいモデルを立ち上げていかなければいけないところです。新しいことに取り組んだ、だけでは評価してもらえない。既存の事業の足元をしっかり固めながら、明日への投資を行い、この先も魅力的な大和ハウス工業であり続けなければいけないのです。

堀川：先に「土地の情報力」を説明くださいました。いろいろな業種・業態に「土地の情報」を繋げていく、というお話でしたが、それは我々が目指している「ビジネス・ネットワーク」に近いと思います。本業のデータを「異業種に広げる」ことで、既存ビジネスを継続的に発展させるという考え方です。

業界全体のことを考える

堀川：ところで、この業界は同業他社とは仲がよいでしょうか。それとも全く情報交換などしない？

松山：もちろん、現場で競合するような場面では、他社をライバル視する社員もいるかもしれません（笑）。それはお客様が選ばれることなので勝ち負けは仕方がない。ただ、現中計にも出ていますが、リーディングカンパニーとして業界全体のことを考える必要があります。建設業がもっと魅力的な業種になり、若い人たちもどんどん参画してくれるようにならなければいけない。

たとえば「現場の管理をデジタルで」というチャレ

ンジを始めました。工事現場を写すカメラをたくさん設置し、リモートで一括管理するようなことです。これは施工を担う協力企業のサポートがなければ、実現できません。3K（きつい・汚い・危険）と呼ばれる工事現場でもデジタル化を進め、もっと働きやすくする必要があります。

2024年度からは建設業も36協定（法定労働時間を超えて時間外労働や休日労働をさせる場合に労使間で結ぶ協定のこと）における時間外労働の上限規制が適用となります。今までこの業界は、適用を留保されてきたのです。なぜならば、建設現場は労働時間が他業界と比べ、長時間だからです。以前は、建設業は週休2日どころか4週6休もできるかできないかでしたが、現場の働き方を本当に変えないと、今後は罰則適用です。建設業で働く方々のウェルビーイングをもっと追及しなければなりません。ITはそのための有効な手段です。

堀川：現場のカメラの利用法もいろいろアイデアが湧きそうです。たとえば、タイムラプスで建物が成長する様子を施主が確認できる、とか。

松山：将来的には、もしかしたらマイページで新しいサービスとして見せられるかもしれません（笑）。それはともかく、現場のカメラで、安全の状況把握、危険予知、遠隔からの朝礼などは今でも行っています。もう少し踏み込めば、施工品質の確保に繋がります。カメラで施工状況を写しその正しさをAIで判定する、などの品質向上につなげたいです。

今は法的に一定の現場の巡回管理が義務付けられ

ています。大きな現場では専任監督が必要。それを画像管理で代替できないか、というチャレンジです。

堀川：まさにお客様の体験価値向上と、技術基盤での安全管理向上とを目指されていますね。

UX/CXを上げていくことでEXが上がる

松山：お客様も自分の敷地で事故があったら住宅ができても嫌ですよね。大事な点です。安心安全を確保し、お客様への価値に繋げることを考えています。システムでも同じです。社内システムの使い勝手（UX）を上げる。そのシステムを、お客様をはじめとした外部ステークホルダーにも使っていただく。すると顧客の体験価値（CX）が上がります。UX/CXが上がると、従業員の体験価値（EX）も上がります。それらのデータをまた分析してその循環を強化する。その「ぐるぐる回る」感じを実現したいです。

堀川：「ぐるぐる回る」というと、御社のビジネスモデルにもそのような絵がありますね（図②）。

松山：お客様と長くお付き合いするには、「一つの輪として閉じる」必要があると思います。

堀川：我々もCustomer Value Journeyを重視しています。お客様の体験、そこから得られる成果をいかにスピーディーに回していけるか、です。

松山：本当にその通りです。我々の持つデータを内外部に使ってもらいたいので、何を保持し、開示するかをデータガバナンスの観点から検討しています。IT

部門に問い合わせてデータ利用、ではなく、必要な人が自ら判断・活用できる仕組みが必要です。これは先ほどの「仮説検証サイクルの向上」に直結します。データ利用環境の整備と、データを使える人を増やすことが急務です。

堀川：御社には、人財のモデルがありますか。

松山：それはまだまだですね。他企業では、社内情報大学を設置するなど、よりアカデミックな取り組みがあると伺っていますが。大和ハウス工業らしさを考えるとそれがビジネスに紐づいている必要があります。学んだ内容がお客様のために使われることが大事。顧客管理、売上拡大、コスト削減、リードタイム短縮、品質向上、あるいはエンゲージメントを高める、

図②　大和ハウスグループのバリューチェーン（開発事業）

提供：大和ハウス工業

などに結びつくのかです。事業会社がデータを扱う価値です。そこは外さないようにしたいです。

対談の終わりに

堀川：濃密な1時間でした。我々の「アプリケーションを売る」から「お客様に長くお使いいただく」への転換でも示唆に富むお話でした。

松山：建設業でもデジタル化は進みつつありますが、半導体とか自動車など「ものづくり」企業の方がはるかに先を走っています。当社は先達の様子を拝見し、どうすべきかを考えています。知見は他業種にあります。これからも勉強する機会が必要です。

　この先は不透明なことが続きます。皆、悩みつつ手探りで進んでいます。我々には新しい羅針盤が必要です。我々は創業者石橋が語った創業の理念に沿って考えます。社員憲章に「誠意を持ってお客様と向き合い、感動と喜びを分かち合います」とあります。分かち合うためには「我々自身が生きる喜びを感じる」必要があります。すでに「夜討ち朝駆け」の時代ではなく、データに基づく仮説検証サイクルを速く回してKKD（経験・勘・度胸）ばかりでない仕事のやり方を追求する。その結果、お客様へはもちろん、従業員自身のウェルビーイングも向上しなければなりません。社是には「企業の前進は先づ従業員の生活環境の確立に直結すること」、そして社員憲章には「仕事を通じて自らの成長と幸せを追求します」とあります。なぜ

そんな内向きなことを、と思われるかもしれませんが、事あるごとにそこに戻って考える必要を感じます。

堀川：従業員が生き生きしないと、お客様もワクワクしないですよね。

松山：誰かを犠牲にすることなく、いろいろなことができるといいな、と思いますね。

対談を終えて

　建設業のデジタル化を推進する松山氏の視線の先には必ず「リアルなダイワマン」たちがいる。そして彼らがさまざまな活動を通じて信用やビジネス価値を生み出している事実が強く印象に残った。

　建設業界のデジタル化は他業種に比べて遅れてきたかもしれないが、その先にはもはや自社だけで解決できる課題は少ないだろう。業界内、あるいは業界を跨いでの変革が求められる場面に多々直面するものと思われる。

　「建築の工業化」の定義を時に応じて見直しつつ、変革を繰り返していかれるものと確信した。

文・構成：SAPジャパン **古澤昌宏**

第 **3** 章

過去を学びの礎として
未来へ羽ばたく

Prologue

　この章でお伝えしたいのは、「保守的であることを所与としない姿勢」である。

　代表的な規制産業の一つといわれる航空業界で、エア・カナダは調達・購買領域の改革を2016年から押し進めたことで、新型コロナウイルスの脅威に晒された2020年以降も滞りなく業務が遂行できたという。そこから、規制産業全般に見られる特徴と、ともすれば法規制に準拠していればいいと考えがちな日本的傾向に警鐘を鳴らしていく。

　新型コロナウイルスが市民生活を脅かしたとき、とかく遅いと言われがちな地方行政府がいち早く動いた。チューリッヒ州情報局は、最前線の窓口に業務が集中し、下手をしたら州ごと共倒れになることを避けるための迅速な判断をし、使命感を抱いた人々と最新のデジタル技術が応えた。

　eスポーツ業界では時価総額ランキング世界第3位のTeam Liquid。そのいったいどこが保守的かと、疑問に思う方もきっと多いに違いない。その通りだ。ここでは、Team Liquidを紹介するとともに、提携している、とある老舗企業の未来を見据えた人材戦略に焦点を当てている。

　すでに私たちは、明日が当たり前にやってこないことを身に沁みて経験している。ならば、できる限り昨日と同じ平穏な明日を迎えるために、今日をいかに真摯に前向きに生き切っていくか。重要なのは、その一点のみだ。

規制産業における変革、 「転ばぬ先の杖」を深掘りする

コロナ禍を経た今だからこそ、 レジリエントでサステナブルな態勢整備を

2023年初春、未曽有の危機として新型コロナウイルスが猛威を奮った2020年当時とは大きく異なり、政府が新型コロナウイルスを季節性インフルエンザと同じ「5類」に分類するなど、人々の生活はコロナ禍以前の様子に戻ってきた。ビジネスの現場でも非常事態として位置づけられていた時期からWithコロナの時期を経て、対面でコミュニケーションをとる機会が増えるなど、コロナ禍以前の状態に戻ってきている。

しかし、ここで注意しなければならないのは、我々には「喉元過ぎれば熱さを忘れる」という悪い性質があることだ。コロナ禍においても危機に対応すべくデジタル変革を進めた企業と、その場を凌いで出社を継続した企業とに二分されたのではないだろうか。

ここでは、「転ばぬ先の杖」としてレジリエンス強化に向けてバックオフィス改革に果敢に挑んだエア・カナダの取り組みを、「転んだ"後"の杖?!」として、ぜひ多くの企業に参考にしていただきたい。言うまでもないことであるが、この取り組みは、海外事例であることや規制産業たる航空業界であることをも越えた、

バックオフィスにおけるすべての企業共通の課題への挑戦であり、どの業界の方々にも示唆に富んだものであることを意識して、進めていきたい。

▌エア・カナダが取り組むESG

エア・カナダは、カナダ国内線、加米間のトランスボーダー、そしてカナダ発着の国際線といった、市場において最も大きな航空会社の一つであり、定期旅客サービスプロバイダーである。2019年には、リージョナルパートナーであるエア・カナダエクスプレスとともに、6大陸、220近くのデスティネーションへ、5,100万人の旅客を運んでいる。また、世界で最も包括的な航空運輸ネットワーク、スターアライアンスの創立メンバー企業の一つでもある。

一方で、エア・カナダはESGの観点でも、「E：環境」面への配慮として、2つの点にフォーカスしている。一つ目は、"Leave Less"と銘打ち、オペレーションを通したエネルギー消費や炭素排出量を少なくすること、土地や水資源の無駄遣いや騒音を少なくすることへの注力、2つ目は、"Do More"として、業界パートナーとのコラボレーションやコミュニティ、従業員、そして顧客との接点を増やすことへの注力である。また、「S：社会」面では、80年来のコミットメントとして、2012年には子どもと若者の健康とウェルネス発展のためにエア・カナダ財団を設立。2020年には、6年連続でカナダのベストダイバーシティーエンプロイヤ

として、また、8度目となるモントリオールのトップエンプロイヤの一つにも選ばれている、カナダの名だたる企業である。

可視性と効率性を強化する購買プロセス

■ エア・カナダのチャレンジ

　まず注目すべきは、この調達購買プロセスの改革に、コロナ禍以前より着手していたことである。多くの企業において、コロナ禍に出社を余儀なくされている状況が多々見られていたことは、読者の記憶にも新しいところであろう。この一連のプロアクティブな改革への取り組みが、結果としてコロナ禍という未曽有の危機においてもしなやかに対応することを可能にしていたというところが、大きなポイントである。

　エア・カナダでは、「株主価値の創出」「顧客体験と従業員エンゲージメントの向上」に関して、継続的に尽力しており、このミッションを果たすためにも、効率的で透明性の高い購買オペレーションが求められていた。すでに間接材を取り扱う調達購買ファンクションは設置され、集約による一定の成果を出していたという点では、一般的な日本企業の状況よりも一歩も二歩も先を行っていたものの、購買チームメンバーが最大限のパフォーマンスを発揮できるような、シンプルで標準化されたプロセスの導入や、購買情報の一元化など、さらなる高度化が課題となっていた。同時に、コストと手続きミスを削減するプロセスの自動

化やコンプライアンスの強化、さらには従業員および
サプライヤー体験を向上させることも目指していた。
その当時、インボイスシステムを次世代システムにリ
プレイスしていたものの、それだけでは不十分だっ
たため、統合支出管理を可能にし、自動化の範囲を拡
張できる調達購買プラットフォームを導入すること
が必要とされていた。もちろん、この時点でこれらの
ソリューションを導入することが、その後、コロナ禍
にて引き起こされた航空業界の混乱に対しても効果
があると考えていた者は、おそらく誰もいなかっただ
ろう。

■ 各プロジェクトで何を成し遂げるのか？

　プロジェクト開始にあたり、エア・カナダでは、次
の3つを目標として掲げていた。

① 　調達購買プラットフォームを展開することで透
　　明性とコンプライアンスを強化すること
② 　プロセスを簡素化し、自動化することで紙による
　　処理を減らし、効率化を高めること
③ 　リモート環境における従業員とサプライヤー間
　　のコラボレーションを容易にすること

■ アーキテクチャ

　前述に掲げたプロジェクト目標を達成するため
に、選択したプラットフォームが図①の通り、Aribaソ
リューションである。"Buyer"であるエア・カナダと
"Supplier"である取引先とをビジネスネットワークと

して繋ぐ"SAP Ariba Network"。業務プロセスに沿って
アップストリームとなる、調達先候補の選定から契
約締結。そしてダウンストリームとなる、発注申請か
ら納品検収、請求支払い。これらを一気通貫、End to
End(以下、E2E)のプロセスと支出の可視化を実現する
Aribaソリューションで構成される。

■ 稼働タイミング

　プロジェクトとして開始されたのは、ちょうど北米
でも戦略的調達(Strategic Sourcing)という言葉が定着し、
多くの企業が積極的に調達購買ファンクションを設
置、プラットフォームも成熟しつつあった2010年代

図①　SAP Ariba Solutions Architecture

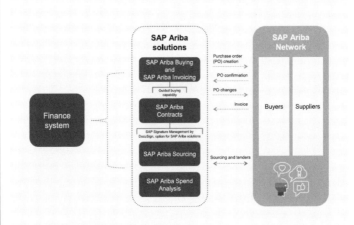

出典：SAP Innovation Awards 2022 Entry Pitch Deck
　　　Transforming Procurement to Build Resilience Air Canada

半ばである（図②）。

　E2Eの調達購買業務に沿った形でそれぞれのコンポーネントごとに導入、タイミングを少しずつずらして稼働させている。もちろん、プロジェクト開始前に全体像を描いた上でのロードマップではあるが、このように、デジタル化の恩恵を受ける優先順位の高い領域から徐々に稼働させていくことで、導入時やシステム移行後の運用上のリスクを軽減、必要とされるリソースの平準化をしながら効果を出していくことが可能である。読者もお気付きだと思うが、結果的にではあるものの、2020年3月、新型コロナウイルスの蔓延する前のタイミングで、すべてのコンポーネン

図②　エア・カナダ 稼働スケジュール

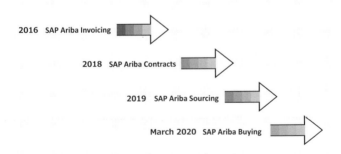

出典：SAP Innovation Awards 2022 Entry Pitch Deck
　　　Transforming Procurement to Build Resilience Air Canada の情報より筆者作成

トを稼働させている。

プロセスの詳細と目標に対する効果

　今回の取り組みによって、どのようにプロセスが変わり、プロジェクト目標に対してどのように貢献したのかを見ていこう。

①　調達購買プラットフォームを展開することで透明性とコンプライアンスを強化すること

　あらゆる情報は電子化され、クラウド上に保存されているため、従業員は働く場所を選択可能に！ また、電子署名を導入したことで、デジタルフローにより契約締結も著しくスピードアップし、さまざまなリスクが軽減。Guided Buying機能とカタログ活用を増やすことで、支払いガイドラインに関するコンプライアンスと統制がさらに強化。ガイドラインの遵守の向上は、会社全体としての購買力の発揮と不正取引の抑止に寄与。

②　自動化しプロセスを簡素化することで紙による処理を減らし、効率化を高めること

　購買改革以前、バラバラで多くのマニュアルステップで構成されていた購買プロセスは、SAP Aribaソリューションにより自動化、簡素化、そして統合が実現され、購買申請書（PR）の発注書（PO）への転換もボタン一つで完了。

　支払い時の「発注書(PO)と納品書(GR)、そして請求書(IR)の3点突合」も自動化し、プロセスの著しい効率化だけでなく、エラー削減やサプライヤー支払いの迅速化が実現。

　ペーパレスインボイス、電子署名による社内承認など、プロセスのデジタル化は、「紙を減らして無駄をなくす」というエア・カナダの環境への取り組み、"Leave Less"に寄与。

③　リモート環境における従業員とサプライヤー間のコラボレーションを容易にすること

　多くのサプライヤーをSAP Ariba Networkへと円滑に移行したことで、「パートナー企業とのコラボレーションが増加」し、"Do More"に貢献。

　このように一気通貫したE2Eのプロセスを支援する統一したプラットフォームにより、調達先選定から決済支払い(Source to Pay)までのプロセスの自動化、簡素化が実現されるだけでなく、支出統制の強化と常にコストの最適化を可能にする環境が整った。

　さらにSAP Ariba Networkにより、コロナ禍のような状況下においても、リモートワークへの瞬時の切り替えやサプライチェーンの継続性を維持できるレジリエントな態勢が構築されたのである。

　このように先に掲げた3つの目標達成のために取り組んだ、一連の調達購買ファンクションの改革は、プロジェクト目標の達成だけでなく、結果としてエ

ア・カナダ全体にわたるデジタルトランスフォーメーションアジェンダを牽引することにもなった。

> 「SAP Aribaソリューションのおかげで、支出の全体像を見ることができ、プロセスの自動化やコンプライアンス強化、そして組織のデジタルトランスフォーメーションが進んでいます」
> ——エア・カナダ COE 戦略的購買部門 ディレクター カラリン・アモイ（Coralyn Ah-Moy）

取り組みに見られる我々へのメッセージ

繰り返しになるが、規制産業とされる航空業界にあってもエア・カナダは、自社の目指す姿として「株主価値の創出」「顧客体験と従業員エンゲージメントの向上」という明確な目標を掲げ、効率的で透明性の高い購買オペレーションを目指し、コロナ禍とは関係のない時期にプロジェクトを開始、調達購買プロセスの変革を実現している。調達購買領域は航空産業における規制対象ではないものの、規制産業における行動様式に見られる、外的な圧力によるリアクティブな対応ではない、プロアクティブな対応として自らの目指す姿への変革を実行したのである。

そのおかげでプロジェクトとして掲げていた目標を達成するだけでなく、未曽有の危機といわれたコロナ禍においても、レジリエントに対応できた結果になっているところに高い変革受容性を感じる。

日本に目を向けてみよう。航空産業だけでなく金融業界など、規制産業といわれる業界では、カナダ航空のようにプロアクティブな対応ができているのだろうか。おそらく規制当局の指示に対してリアクティブになっていたと考えられる。

本来であれば規制の対象範囲以外にもやれることがあったにもかかわらず実行されていなかったのではないだろうか。

もちろん、法規制に基づき顧客を保護していくこと、一方で企業のミッションを果たしていくことはそれぞれ大切なことである。また、規制当局も業界のため、国民のために望ましい法規制を実現することを考えていることを踏まえれば、顧客の望む体験価値を提供していこうとする「マーケットインの発想」にて企業が求められているものも、国民のために望ましい形になるために規制当局から求められているものも同じなのではないだろうか。

規制当局によるガイドラインの例示通りにやる、あるいは業界他社と同様に「右に倣え」の考え方や、前例踏襲の体質で「自分たちのやり方は正しい」「それは変える必要のないものだ」との発想では、残念ながらまったく変革受容性のかけらもないといえるのではないか。法律そのもの、あるいは法規制を変えることが簡単ではなく難儀することもあるため、規制産業に身を置く人たちの行動様式がどうしても前例踏襲とな

り、変革が遅々として進まないという事実もあること
は否めない。しかし、だからといって「変えられない」
という理由になるのだろうか。実は「変えない」、いや
「変えたくない」のではないかとすら想像してしまう。

　企業のミッション、存在意義(Why)は変わらないも
のだとしても、何を(What)どうやるのか(How)につい
ては、そもそも変えられないものなど何もないのでは
ないか。およそプロセスのデザインというものは、次
の3つの観点から分類されると筆者は考える(図③)。
■ 法的制約要因
■ 内部統制的制約要因
■ 環境的制約要因

　プロセスがデザインされた際の環境的制約要因は、
たとえば優先順位が低かった、予算がなかったなど、
そのときはそうだとしても、現時点ではそれらが制約
要因ではない可能性が高い。
　また、内部統制的制約要因については、潜在的なリ
スクをコントロールすべくデザインされたプロセスと
は別の形でコントロールすることができれば必ずし
も同じでなければいけないというものでもない。
　さらには、規制産業に見られるように法的制約要
因によってプロセスがデザインされていることも稀
にあるが、これも当局に働きかける等、簡単ではない
とは思われるものの、変えられないものではないとい
える。

図③　プロセスデザインを制約する3つの要因

- **・法的制約要因**
  - ・法的要請により、ある特定のプロセスとなっている
  - ・法的主体に対する働きかけ／ロビー活動によって異なるプロセスに変えられる可能性がある

- **・内部統制的制約要因**
  - ・統制目的（潜在リスクの統制）を果たすために、ある特定のプロセス（統制活動）になっている
  - ・潜在的なリスクの大小に見合った、異なる統制活動を用いてプロセスを変えられる

- **・環境的制約要因**
  - ・デザインされた時の環境的制約要因により、ある特定のプロセスになっている
  - ・現時点の諸環境を踏まえ、異なるプロセスをデザインすることができる

出典：筆者作成

　「失われた30年」に見られる骨抜きの構造改革の中、社会全体として半ば諦めの境地というべきか、いつの間にか、何もしない方が得と捉えているような社会構造、そして組織構造になってしまっているようだ。しかし、次世代へと繋ぐべく、できない理由を考えるのではなく、どうやったらできるのか、この後をさらなる失われた10年にしないよう、過去の遺産を整理し自らの変革にて負の連鎖を断ち切ることで、今こそプロアクティブに動いていこうではないか。

文：SAPジャパン **日下部 淳**

変革へのヒントをくれた コロナ禍のチューリッヒ州

**有事下のスイス自治体が2週間で成し遂げたこと。
そこからのインスピレーションを今後の日本へ**

2020年2月、新型コロナウイルスの感染拡大により、当時は世界各国で雇用状況の悪化に関する報道が溢れた。ヨーロッパにおいても同様で、各国政府は企業と協力して、住民の生活を支えていた。グローバル・イノベーション・インデックス2021にて11年連続で、最もイノベーションが進んでいる国と評されたスイスでは、大量の失業者が出るのを防ぐために"操業短縮制度"を緩和する決断を行った。

しかし、かえって申請の殺到を招いて多くの州政府の処理能力を上回ることとなり、結果的に機能不全を招いた。そんな状況の中、チューリッヒ州政府は2週間でオンライン申請と自動処理を実現し、35万人の住民の生活を支えることができたのである。なぜチューリッヒ州は"2週間"でデジタル化を実現できたのだろうか。

"操業短縮制度"について

"操業短縮制度"とは、企業の一時休業を支援するための制度である。企業が一時的に休業する場合に、

政府が支援を行い、企業から従業員に手当を支給することで、企業の経費負担の軽減、並びに従業員の失業の防止と生活の安定を図ることを目的としている。この制度は1960年代から多くの国で取り入れられ、発達してきた。

スイスでは、経営が悪化した際に、企業が一時的に従業員の労働時間を減らすことができる代わりに、失業保険で8割の賃金を補填している。たとえばフルタイム（常勤）の従業員の労働時間が半減した場合においては、企業は通常の賃金の50％を支払い、残りの50％のうち8割は失業保険から給付される。そして、従業員は通常の90％の賃金を保証される。また、この制度を利用することにより、企業は一定期間、完全に操業を止めることもできる。

条件緩和された操業短縮制度と落とし穴

スイスにおいて操業短縮制度はリーマン・ショック時に効果を発揮し、約9万人の従業員に適用され、大量の失業者が出るのを防いだと評価されている[1]。今回の新型コロナウイルスのパンデミック時においても、スイス政府は操業短縮制度の条件を緩和した。しかし、素晴らしい制度にも落とし穴はある。申請が殺到し、多くの州政府が受付処理の不可能な状態に陥ったのである。特に影響が大きかったのがスイス最大の州、チューリッヒ州。

チューリッヒ州の州都チューリッヒは人口38万

5千人と、日本では大阪府の枚方市と同等の人口規模である。スイスのGDPの5分の1以上を占める経済都市であるチューリッヒ州では、操業短縮制度の条件が緩和される前の月の申請は10件程度だったが、条件が緩和されるや否や一晩で申請が1万件以上にのぼった。そして、3カ月間で申請数は3万件以上となった。これは従業員で換算すると34万人を超え、チューリッヒ州の企業に勤める全従業員の約3分の1にあたる数となる。前月の1,000倍を超える申請を受けて、チューリッヒ州政府はパンク状態に陥った。理由は、申請および手続きが紙と手作業を中心としたアナログな処理だったせいだ。図①がデジタル化前の処理手続きである。

　1件あたりの処理には平均25分を要し、申請書の入力内容が不正確・不完全なものが多く、内容の確認や訂正処理も職員の負担となっていた。そのため、殺到した申請を迅速に処理するには、チューリッヒ州当局は職員をさらに70名追加増員しなければならないと見込まれた。追加増員するにはコストがかかる上に、すぐには対応できない。このままでは、大量の失業者を生み出してしまう……。

当局の決断と2週間でのオンライン化

　チューリッヒ州情報技術局責任者ハンスルエディ・ボーン氏は、追加増員をすることではなく、操

図① デジタル化前のチューリッヒ州の処理手続き

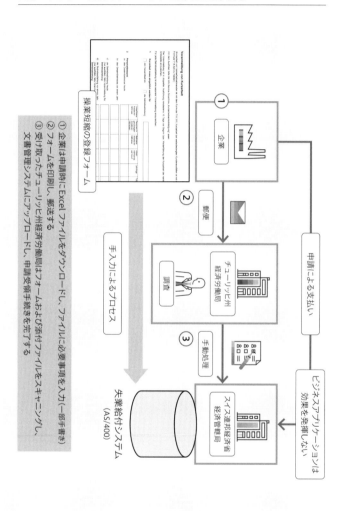

出典：SAP Innovation Awards 2022 Entry Pitch Deckより、筆者翻訳

業短縮制度の申請の"オンライン化"と"処理の自動化"を実現することを決断し、SAPおよびそのパートナー企業であるPRODYNA社に支援を求めた。依頼を受けたSAPのサービス＆サポートチームは、彼ら自身の豊富なアジャイル型アプローチの経験と柔軟な問題解決能力によって、チューリッヒ州情報技術局との間で、日次ベースの目標設定と進捗管理を行い、2名の開発者によるアプリケーションのコーディング、テスト、フィードバックという作業を繰り返し、ボーン氏の決断からたった2週間で自動化処理を行うSAP Intelligent RPAのアプリケーションを稼働させた。

　新しく開発されたアプリケーションによりオンライン申請を可能とし、操業短縮制度の申請文書の抽出、検証、処理までの自動化を実現した。この情報技術局の判断と、2週間でのオンライン登録および自動化処理のプロセスが、チューリッヒ州の企業に勤める3分の1の従業員の生活の危機を救ったのだ。デジタル化後の手続きでは、手入力が排除されている（図②）。

デジタル化による効果

　オンライン登録および自動化されたプロセスは短期間での実装以外に以下のメリットがあった。

■ 処理スピードの向上

- 1件あたりの処理時間は25分→30秒に短縮
- 効率性は最大80%向上

図② デジタル化後のチューリッヒ州の申請手続き

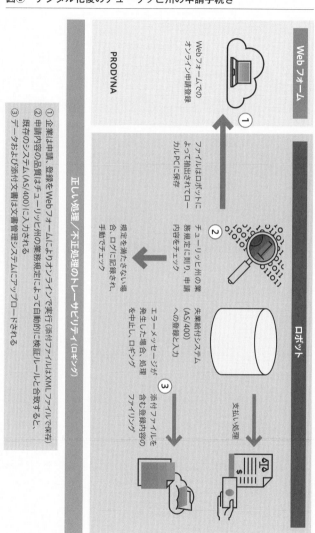

Web フォーム

PRODYNA

Web フォームでの
オンライン申請登録

① ファイルはロボットに
よって抽出されてロー
カルPCに保存

ロボット

② チューリッヒ州の業
務規定に則り、申請
内容をチェック

③ 規定を満たさない場
合、ログに記録され、
手動でチェック

失業給付システム
(AS/400)
への登録に入力

エラーメッセージが
発生した場合、処理
を中止し、ログ入力
ファイリング

添付ファイルを
含む登録内容の
ファイリング

支払い処理

正しい処理／不正処理のトレーサビリティ（ロギング）

① 企業は申請、登録をWebフォームによりオンラインで実行（添付ファイルはXMLファイルで保存）
② 申請内容の品質はチューリッヒ州の業務規定によって自動的に検証ルールと合致すること。
既存のシステム（AS/400）に入力される
③ データおよび添付文書は文書管理システムにアップロードされる

出典：SAP Innovation Awards 2022 Entry Pitch Deckより、筆者翻訳

■ 投資コストの回収

- 追加増員コストなし
- 1件あたりのコストはわずか109円
- IT投資コストは1カ月以内に回収

■ アジャイル型アプローチの成功体験

- アジャイル型プロジェクトを実践し、効率性・生産性の向上を経験
- 2つのレガシーシステムをIntelligent RPAに接続させ、高価で時間がかかるインターフェースの開発必要なし
- レガシーシステム環境下で最新のアプリケーションを使用する知識習得とアイデアの創出

■ コンプライアンスに準拠したプロセスの確立

- 自動的な処理かつ85％の精度を実現（再検証に必要な申請はわずか15％）
- 州の業務規定に準拠した定性的なプロセスを確立

　特に、コンプライアンスの遵守は非常に効果があったという。スイスにおいて操業短縮制度の申請は悪用・誤用が急増しており、以前から政府は大きな懸念を示していた。そこでチューリッヒ州のプロセスでは、州の業務規定と照会し、不正な申請を保留し、操業短縮制度の悪用・誤用を防いだ。まさに「悪貨に良貨が駆逐」されることなく、行政サービスを迅速に正しく運用したのである。

他の州でも横展開されたデジタル処理

さらに、チューリッヒ州で提供されたアプリケーションは、同じくスイスのアールガウ州でも使用され、約75%の作業工数の削減、2営業日以内に申請者への支払いを実現するといった効果をもたらした。

アールガウ州公的失業保険基金責任者ファビアン・ルーレ氏は、チューリッヒ州のプロジェクトを横展開できたことを、短期的かつ一次的な措置としてではなく、長期的な視点でとらえた上で非常に有益だったと評価している。

スイス国内の複数の州での取り組みは、SAPのグローバルアワードであるSAP Innovation Awards 2022で、持続可能なビジネスを提供する企業・団体に授与するAdoption Superheroを受賞し、さらに優れた品質を提供する顧客に授与されるSAP Quality Awardsにおいてもファイナリストに選出されるなど、グローバルで傑出した取り組みとして評価され、ヨーロッパの複数メディアで取り上げられた。

さらにチューリッヒ州を支援したSAPスイスは、新型コロナウイルスで大きな打撃を受けた企業を救済したとして、チューリッヒ州より「デジタルパイオニア」部門の金賞を受賞。アプリケーション実装のスピードだけでなく、実用面、ビジネス効果面、監査面において大きな価値をもたらしたことを評価されて

いる。SAPをベンダーとしてではなく、エコシステムパートナーとしてご評価いただいた例もこれまでにほとんどなかったことだ。

チューリッヒ州の取り組みは、行政機関がいくら優れた制度を定めたとしても、不測の事態が起きた際には必ずしも即応できるとは限らず、状況に応じた迅速な判断に基づくビジネスプロセスの見直しが必要であり、「迅速」という要件に対しては、デジタル技術の活用が大きな強みを発揮することを如実に示している。

しかし、何より見事なのは、リーダーの迅速な決断による変革を実現させた点である。学ぶべきは、有事に力を発揮するための、平時におけるリーダーの意思決定能力の醸成ではないだろうか。

具体的に動き始めた東京都の取り組み

スイス・チューリッヒ州をはじめとして、グローバルの行政機関では、リーダーの決断と創意工夫によるデジタル化によって、住民サービスの充実と不測の事態への対応に成功した事例が多々ある。

ここで日本に目を向けてみたい。東京都では、海外都市と比べた東京都のデジタル化の立ち位置を確認するため、2021年11月に世界の主要5都市（ニューヨーク、ロンドン、パリ、シンガポール、ソウル）の住民を対象にWebアンケートを実施した[2]。その結果わかったのは、

デジタル化された行政手続きの利用率、満足度でいずれの分野においても東京都は主要5都市を下回っていたこと。特にデジタル化に関する総合満足度は、主要5都市の平均が63%であるのに対して、東京都は25%だった[3]。

その結果を受けて、東京都は具体的に動き始める。2023年秋までに都全体のデジタルトランスフォーメーション（DX）の取り組みを「スピードアップ」、「スケールアップ」、「クオリティアップ」するために、プロジェクトマネジャー、システムアーキテクト、UI/UXデザイナーなどの高度なデジタル人材の採用を行い、都内区市町村も含めたDXを推進し、行政と民間がフラットに協働する、新たなプラットフォームとして「GovTech（ガブテック）東京」の設立構想を発表した。

GovTech東京は、シンプルな4つの方針の元に具体的な施策を掲げている。

- 方針1：DX推進に向け、政策イノベーションを生み出す新たな仕掛けをつくる
- 方針2：高度なデジタル人材を採用・活用できる新たな仕組みをつくる
- 方針3：区市町村も含めた東京全体のDXを進める新たな枠組みをつくる
- 方針4：行政と民間とがフラットに「協働」する

GovTech東京設立により、東京都はより多くのデジ

タルサービスを「高い品質」で「スピーディー」に提供し、東京都庁だけではなく、住民により近い都下62区市町村のデジタル化を一気通貫・連携して進めていこうとしている。

　2023年、宮坂東京都副知事から配信された新年メールの内容はこれまでになく具体的で、その強いコミットメントに都民として胸の高鳴りを覚えた。
　「単にアナログ的な手法をデジタルに置き換えるだけではなく、デジタル化によって行政サービスの品質（QoS クオリティオブサービス）がアナログ時代に比べて改善している状態になることを目標にします。そのため、『テストなくしてリリースなし』を実践すべく、ユーザーテストを必須にし、サービス開発にあたってのガイドラインを整備しました。加えて、行政サービスの品質の数値化にも取り組む予定です」

　また、GovTech東京の重要なキーワードは「共同化」である。この「共同化」には、システムだけでなく、人材採用、教育、パートナーシップも含まれている。
　東京都では今まで62区市町村がそれぞれバラバラにIT予算を取得し、ソフトウェアやハードウェアを調達して、システムの構築、導入を行ってきた。また、デジタル人材の雇用や教育もバラバラである。そのため、区市町村によってデジタル化のバラツキがあり、都民は居住する区市町村によって、行政サービスの質や量が異なっていた。

GovTech東京が目指す「共同化」とは、ソフトウェアやハードウェアを共同調達し、デジタル基盤の統一、共同利用を行うだけではなく、デジタル専門人材の採用においても、GovTech東京で行い、区市町村に人材をシェアリングしていく。また、「東京デジタルアカデミー」を展開し、学びを「共同化」し、スキルアップを図る。さらにスタートアップとの連携を強め、民間企業の機動力、技術力やアイデアを取り入れ、多くの実証実験を行い、区市町村へデジタルサービスを展開していく。まさに都下62区市町村全体のデジタル化に向けた本気の姿勢がうかがえる。

東京都は、自分の立ち位置の自覚を公表し、有言実行の道を選んだといえるだろう。これを受けて、都民は「利用するユーザー」として真摯に協力し、前向きなフィードバックをすることで、共創の道が開かれることになる。

私は、都民のひとりとして、東京都の変革を自分ごとと位置付け、海外の行政先進事例を分析して紹介するなどできる限りのことをしていきたい。なぜなら東京都の成果が日本の地方行政の手本になり、日本全体の変革に繋がるはずだからである。

そのためにもチューリッヒ州から目を離さず、かつ、グローバルで先行している行政機関の変革に刮目していきたい。

文：SAPジャパン **浅井一磨**

エコシステムによる共存共栄。
ライフサイクルマネジメント

**ビジネスアプリケーションを開発、販売するSAP
eスポーツチームのスポンサーシップを行う意義とは**

eスポーツは、エレクトロニック・スポーツ(Electronic Sports)の略称である。選手(競技者・プレイヤーとさまざまな呼び方があるが、ここでは選手と呼ぶこととする)がビデオゲームをプレイすることによって各種の競技(ここでの競技とはプレイするゲームの種類を指す)を行うスポーツであり、近年急速に成長している競技の一つである。ビデオゲームをすることをスポーツと呼ぶことへの違和感や、身体を動かすスポーツ競技との違いなどから、eスポーツに対してはさまざまな否定的な意見があるが、スポーツという言葉はラテン語では「楽しむ」や「遊ぶ」という意味で使われることもあり、体育に属するような競技ではないが、スポーツと呼ぶこととなったようである。

eスポーツでは、行われている競技の種類は多岐にわたるが、主だったものにはFPS(ファースト・パーソン・シューティング)、RTS(リアルタイム・ストラテジー)、MOBA(マルチプレイ・オンライン・バトルアリーナ)、格闘ゲーム、スポーツゲームなどがある。

eスポーツは、競技によっては、個人で活動し、大

会に参加している選手もいるが、多くの選手は、eスポーツチームに所属し大会に参戦している。これは、主なeスポーツの競技が複数の選手がチームを組んで対戦を行うMOBAであることによる。そのため、選手やコーチが共同生活を行っているチームも数多くある。

世界のeスポーツビジネスの概況

さて、世界のeスポーツビジネスの市場規模は、どの程度なのか。2019年には約1,200億円に達し、今後も年平均20％以上の成長が見込まれている非常に魅力的な市場である。eスポーツビジネスの主な収益源は、スポンサーシップ、放映権（TwitchやYouTube、Facebook Gamingなどのストリーミングサービスによるもの）、大会のチケット収入、チームロゴの使用によるライセンス収入である。ゲーム業界のみならず世界的な企業やブランドがeスポーツチームや大会のスポンサーになり始めていることで、eスポーツビジネスはますます成長が見込まれている。世界的なeスポーツ大会では、賞金総額が数億円におよぶ大会もある。

eスポーツは、もともとは若年層を中心に人気に火が付いたが、最近ではファンの年齢層が広がりつつある。特にコロナ禍において、在宅時間が長くなった人々がオンラインゲームやeスポーツ大会に興味を持ち始めたことにより、ストリーミングの視聴者数が増

加の一途を辿っている。

日本のeスポーツビジネスの概況

　日本でもeスポーツは急速に普及しており、2018年には約44億円の市場規模に達した。しかし、他国と比較してeスポーツの法的地位が未確立という問題を抱えている。選手とeスポーツチームとの契約上の問題、著作権問題、チート行為という、製作者が意図しない方法で公平性を損なわせる不正行為への対応が未確立で、スポーツと銘打ちつつも、競技がビデオゲームであることから、欧米各国や中国、韓国などと比較した偏見の問題点も指摘されている。

　それでも、すでに2020年3月に経済産業省から「日本のeスポーツの発展に向けて 〜更なる市場成長、社会的意義の観点から〜[4]」というホワイトペーパーが出ているように、eスポーツビジネスの成長は非常に期待されており、日本国内においてもeスポーツ大会やチームの数が年々増加している。

　数のみならず実力も伴っており、2022年11月に開催された「東アジアeスポーツチャンピオンシップ2022」では3つの競技が行われた中で、スポーツとトレーディングカードゲームの2つの競技で日本代表チームが優勝し、総合優勝を飾っている。

　しかも日本では、単なる娯楽産業に留まらず、教育や健康産業、観光業などとの連携が進んでいる。

時価総額ランキングとTeam Liquid

冒頭でeスポーツはチームで活動する場合が多いと述べたが、具体的なeスポーツチームの市場価値についても紹介したい。Forbesが継続的に発表している世界のeスポーツチームの市場価値ランキングの最新版である「The Most Valuable Esports Companies 2022[5]」によると、2021年現在のeスポーツチームの時価総額ランキングは以下の通り。

1位：TSM - 5.4億ドル（約700億円）
2位：100 Thieves - 4.6億ドル（約600億円）
3位：Team Liquid - 4.4億ドル（約574億円）
4位：FaZe Clan - 4億ドル（約520億円）
5位：Cloud9 - 3.8億ドル（約496億円）

SAPは、時価総額ランキングが世界3位のTeam Liquidと2018年4月からスポンサーシップ契約を結び、チームに対して、データ分析を中心にさまざまなソリューションの提供を行っている（P174 図①）。

Team Liquidは、2000年に設立されたオランダのユトレヒトを拠点とするeスポーツチームである。

主に「League of Legends」、「Dota 2」といったeスポーツではメジャーなMOBA競技に参加するだけでなく、日本でも知名度が高い「Fortnite（フォートナイト）」や「Street Fighter V（ストリートファイターV）」などの競技に

図①　アーキテクチャ

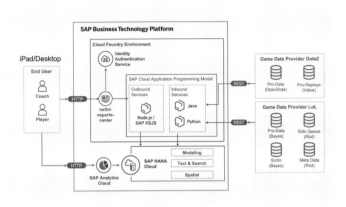

出典：SAP Innovation Awards 2022 Entry Pitch Deck

も参加している。

　Team Liquidは、他チームの買収や他チームとの合併を行うことにより、チームの規模を拡大していき、それにより複数の競技に参加する「マルチゲームチーム」として非常に有名なチームである。Team Liquidは、さまざまな競技に参加することで、チームの知名度を高め、多くのファンを獲得し、eスポーツマーケットを拡大することに成功している。

スポンサーシップのメリット

　一般的にeスポーツチームへのスポンサーシップには、どのようなメリットがあるのだろうか。未だ馴染みのない方も多いと思われるので紹介したい。期待

される効果としては以下のようなものだ。

● 広告効果：eスポーツの人気が高まる中、スポンサー企業のブランド認知度が向上

● ターゲット層へのアプローチ：eスポーツをプレイする人、観戦する人は、若年層を中心に多岐にわたる。スポンサー企業は、ターゲット層へのアプローチができるようになる

● メディア露出：eスポーツ大会の観客やストリーミングの視聴者数は、世界中で増加しており、スポンサー企業は、そのメディア露出を活用することができるようになる

● 新しい市場の開拓：eスポーツは、従来のスポーツ産業とは異なる市場を開拓することが期待されており、スポンサー企業においても、新たな市場を開拓することができるようになる

以上が、一般的に想定されている、eスポーツチームへスポンサーシップをするメリットである。

SAPのスポンサーシップ

先に述べた通り、SAPは、時価総額ランキングが世界第3位のTeam Liquidと2018年4月にスポンサー

シップ契約を締結、その後2021年4月にはスポンサーシップ契約を更新し、協力関係を継続することを発表した。これらの契約により、SAPはTeam Liquidのデータ分析パートナーとなり、対戦相手の試合データの分析を行うことができるプラットフォームの提供を行っている。

Team Liquidによると、データ分析に基づく試合における戦術の立案やトレーニング内容の改善はチームの成績に役に立つという。

eスポーツにおけるデータ分析というと、あまりイメージが湧かない方も多いかもしれない。データ分析は、eスポーツの分野においても戦略の立案などの試合の準備、振り返りにおいて、非常に重要な役割を果たしている。

具体的に提供しているデータ分析基盤の機能を紹介したい。現在SAPは、League of LegendsとDota 2の2つのゲームにおいて、チームの戦術や意思決定を支援するためのデータ分析機能を提供している。たとえばDota 2においては、選手自身が使用するキャラクターを複数の中から選択するのだが、選択したキャラクターによって、試合の進め方が変化する。当然、選手によってはキャラクターの得手不得手があるので、チームとしてのキャラクターの持つ特徴をうまく生かした戦術の立案が必要となる。そのために、複数のキャラクター同士の対戦結果をデータ分析し、次の試合の際に、どのキャラクターを選択することが勝利に繋がる確率が高くなるのか、といった分析機能

を提供している。SAPが提供するデータ分析技術は、Team Liquidの戦術やトレーニングの改善に貢献するだけでなく、eスポーツ分野全体の発展に繋がることが期待されている。

SAPがスポンサーをする理由

今や多くのIT企業がスポーツ業界へのスポンサーシップをしている。それに先駆けて、これまでSAPは自身が持っているテクノロジーの価値を、スポーツを通じて市場に向けて届けるという意味において、これまで数多くのスポンサーシップを成功させてきた実績がある。

たとえばSAP HANAを市場に投入した2012年からは、F1のレーシングチームにおいて当時世界最高峰チームであったマクラーレンに対して、レースカーから伝送されてくる大量のテレメトリーデータ(F1のレースカーの各種センサーから送信されてくるデータ)をリアルタイムに分析・シミュレーションを行い、レース戦略に反映することで大きな成功を収めた。今でこそOracleや Amazon Web ServicesがF1チームやF1世界選手権のスポンサーとなり、レースのリアルタイム分析やシミュレーションを行っているが、2012年当時としてはかなり画期的な取り組みとして注目を集めた。

SAPがTeam Liquidのスポンサーをする理由は何か。前述の通り、SAP HANA Cloudや SAP Analytics Cloudといったソリューションが、大量のゲームのプレー

データを元にしたデータ分析や予測機能により、データドリブンな意思決定を支援していることを、SAPのお客様である一般企業の皆様にお伝えし、データドリブン経営のヒントにしていただく、というのはもちろんであり、SAP自身にとっても大きな価値をもたらすことは言うまでもない。

さて、読者の方々はSAPという会社にどのような企業イメージをお持ちだろうか?

「ERPの会社」「ビジネスアプリケーションの世界最大の企業」などのイメージが一般的だろう。本稿ではあまり詳しく触れることは避けるが、SAPは近年企業買収や新製品の市場投入などにより、ソリューションポートフォリオを大きく組み替えており、売上に占めるERPの割合は40％ほどになっている。製品ポートフォリオの組み替えにより、製品開発に必要なエンジニアに求められるスキルも、従来必要とされてきたスキルを持つメンバーだけでは、不足を感じるようになった。近年GAFAに代表される大手のテック企業やテックスタートアップの台頭と、各社が市場に投入する先進的なソフトウェアやサービスにより、先進的な技術を好むエンジニアたちは、新しい技術に触れられることもあって、GAFAやテックスタートアップのような会社を選ぶようになった。SAPでも、各種ビジネスアプリケーションの中にAIやマシンラーニングの技術を積極的に組み込むことにより、お客様の業務効率を高める取り組みや、AIやマシンラーニング

が動くプラットフォーム機能の拡充に、近年は積極的に取り組んでいる。

　しかし、SAPの内部にはAIやマシンラーニング、プラットフォーム開発に関連するエンジニアがもともと潤沢にはいなかった。そういった状況の中で、エンジニアのポートフォリオを入れ替え、新しいエンジニアの採用を積極的に進めていくのだが、非常に残念なことにヨーロッパ、特にSAPの本社があるドイツにおいては、SAPは古くてイケてないテクノロジー企業の代表格というイメージで見られてしまっており、先進的な技術を持つエンジニアから選択される企業ではなくなってしまっていた。

　サステナブル経営の観点からは、非常にリスクのある状況といえる。

　そんなSAPにとって、先進的な技術を持ったエンジニアたちに選択してもらえる企業になるための一つの手段が、元来エンジニアたちが興味を持っている「こと」への露出を高めることによる、認知度の向上であり、それが結果としてTeam Liquidへのスポンサーシップに繋がったのである。さらにこのTeam Liquidのスポンサーシップに加えて、Riot GamesやESLなどのeスポーツリーグを運営している企業とのパートナーシップも行っており、Team Liquidとのパートナーシップで得た知見をこれらのeスポーツリーグの試合に還元しながら、さらにeスポーツに興味を持ってい

るテクノロジーに精通した若い才能、つまり次世代人材へのアプローチを続けている。

　採用について、SAP自身は、「大手だから安泰」「選択してもらえる企業」などとは、微塵も思っていないのだ。

　具体的な採用数について申し上げることは控えさせていただくとして、技術や知識を持った若いエンジニアたちがSAPへの入社を決断してくれており、新たな製品やサービスの開発に力を発揮している。

　ちなみにeスポーツへの取り組みは、eスポーツチームへのスポンサーシップだけに留まらず、社員のエンゲージメント、社内でのコミュニティ形成にも一

1972年、SAPを創業した5人の若者たち。
左からHasso Plattner、Klaus Tschira、Claus Wellenreuther、Dietmar Hopp、Hans-Werner Hector
創業の輝きを引き継ぐのは、いつの時代もこの先も「人」だ
出典：SAP

役買っている。

特にドイツ本社ではeスポーツの大会を年に数回開催している。こちらも新たな企業エンゲージメントの方法ではないだろうか。

10年にわたってCEOとしてSAPを率い、TSG1899ホッフェンハイムを長期にわたってサポートすることで、SAPとスポーツとの関係の基礎をつくったディトマー・ホップ、監査役会会長でありながら、SAP HANAの生みの親であり、チーフソフトウェアアドバイザーとして、SAPの中長期の技術戦略策定を支援するハッソ・プラットナー。

テクノロジーが大きく進化する中で、SAPは2022年に創業50周年を迎え、2023年2月には、ハッソが2024年5月に任期を終えた後、再選を求めないことを発表した。

これまで彼らが築いた世界のお客様との関係の基礎の上に、これからも期待に応え続けていくためには、新しい技術を常に取り入れていく必要があり、そのスキルを持つ人材の獲得や育成は欠かせない。

Team Liquidとの提携は、取り組み例の一つに過ぎないが、企業の成長や変革の上での健康的な新陳代謝と考える。

文：SAPジャパン **佐宗 龍**

変革はマネジメント判断力の最大にして最高の発揮どころ

Fit to Standard徹底で名を馳せるSOLIZE。
企業規模を問わない「成功のための鉄則」のヒント

日本企業におけるSAP ERPの導入は、2019年にジャパンSAPユーザーグループ(JSUG)が発刊した『日本企業のためのERP導入の羅針盤〜ニッポンのERPを再定義する〜(以下、羅針盤本)』に挙げられている7つの課題・問題点を1990年代からずっと引きずってきた。そしてそれが、残念なことに日本の「失われた30年」と重なる。

① ERPの稼働自体が目的になっている

② プロジェクト理念、目的が明確になっていない

③ 膨大なアドオンがつくられている

④ アドオンが増えたためにコストがかかり過ぎる

⑤ 製品に対する知識や人的リソースが足りない

⑥ IT部門のあり方や、パートナーとの関係自体に問題がある

⑦ 導入企業の中に権限を持つビジネスプロセスオーナーがいない

羅針盤本発刊とほぼ時を同じくしてSAP S/4HANA Cloud®が世に出て、改めてFit to Standardの機運が高まった。それでも尻込みをする日本企業が多い中、一方で、将来を見据えて意欲的に変革への道を進み、注

目を集める企業もある。

　SOLIZE株式会社、旧社名は株式会社インクス。1990年の設立以降、ものづくりの開発工程におけるデジタル化、デジタル情報伝達の推進によりデジタルものづくりを革新し続け、お客様の開発を支援している企業である。

　SOLIZE株式会社には、株式会社インクス時代の2009年に民事再生法の適用を申請、3年で再生計画を無事終了させ、2013年にSOLIZE株式会社（以下、SOLIZE）に社名変更して新たなスタートを切った歴史がある。私はこの、"会社を再生させた"経験が、Fit to Standardを梃子にした変革の実現と関わりがあるのか、それともないのかを知りたいと強く思った。そこでSOLIZE Corporate Transformationプロジェクトをリー

左から、堤様、松井、鈴鹿様、太田様、安東様

ドする堤 皓朗上席執行役員、それを支援した株式会社シグマクシスの太田 寛代表取締役共同代表、安東太輔ディレクター、鈴鹿靖史顧問（前JSUG会長）、SAPジャパンの松井の5名による座談会を行った（以下敬称略）。

「取引先との信頼関係」は普遍の価値

松井：皆様、本日はお忙しいところお集まりいただきましてありがとうございます。今回SOLIZE様のお話を伺うにあたって、支援をされたシグマクシス様の顧問というお立場だけでなく、インクス様時代の民事再生法適用とほぼ同時期に、日本航空様の会社更生法適用を実際に経験された鈴鹿様にご参加いただきました。今、多くの企業が「変わらなければならない」思いをお持ちの中、絶対に変わらなければならなかった企業から、ヒントを見出すのが目的です。

　堤様、民事再生が決まったとき、ご自身はどのようにお感じになられていましたか？

堤：民事再生の申し立てを行ったのは、私が新卒で入社して丸7年が経ったころで、現在とは立場が全く違っていました。当時、私はコンサルタントとして週の半分以上はお客様先で業務を行っていました。よって自社の経営状況がどうこうというより、お客様との活動および関係をしっかり継続しなければいけないと真っ先に思いました。

　民事再生に加え、リーマン・ショック、東日本大震

災という状況で、売上は70億円まで大きく落ち込みましたが、ありがたいことに私が担当していたお客様を含め、多くのお客様が取引を継続してくださり、前倒しで再生が完了しました。そして経済の回復に伴い、売上も回復していきました。先に申し上げた通り、当時の私はまず目の前のお客様を最優先していましたが、全社としては、創業社長の山田から代わって二代目の古河体制になり、全社一丸となって誠実さを大切にしながら「第二の創業」を目指すという空気は確実にありました。

鈴鹿：堤さんのお話を伺っていて、お客様が引き続き関係を保ってくださった点について、私自身の経験を思い起こしました。いくら再生計画に従って社員が努力したとしても、お客様がいなくなってしまったら再生できません。当時、日本航空の経営破綻によって、お客様がすべて他社に流れてしまうことも考えられました。しかし実際には、破綻した航空会社でも乗ってくださるお客様がたくさんいらして、「頑張って。私たちはJALを応援していますからね」と言ってくださった。そのとき思ったのは、日頃から築いてきたお客様との信頼関係がすごく大事だということ。しかも一番大変なときこそ、それが現れてくると感じましたね。

堤：そうですね。民事再生申し立てのあと、すぐに当時の幹部が主要なお

SOLIZE株式会社
上席執行役員
堤 皓朗様

株式会社シグマクシス 顧問、
前JSUG会長、元・日本航空株式会社
常勤監査役 **鈴鹿 靖史**様

客様へご説明に伺った際に、インクスはどうなるのか、要は生き残れるのか生き残れないのか、という話になったそうです。多くのお客様が「基本的に発注は止めない、今いなくなられては困る」とおっしゃって下さったと聞いています。私は当時、大手自動車部品メーカーへのコンサルティングの真っ最中で、先方の社長、役員、部長クラスのほとんどを知る立場でした。先方のプロジェクトマネジャーからは、堤が残るなら発注は継続する、要はこれまで同様に仕事をしたいと言われました。それを言われたら辞めるわけにはいきませんでしたね（笑）。

鈴鹿：やはりそういう信頼関係ですよね。おそらく今回のプロジェクトでも、太田がいるから大丈夫とか、安東がいるからこの会社は信用できるとか、そういうことがあったのではないですか？

堤：はい。それは絶対的にあります。こちらのFit to Standardしかないという思いを、シグマクシスさんが受け止めてくれました。そうは言ってもこちらもまだ不安とか疑問点は多々あって、総論賛成・各論反対になりがちなテーマに対し、考え方の確認や質問を行いました。当然最後それをやり遂げるかどうかはSOLIZE側の意志と覚悟によりますが、シグマクシスさんからは、作られた回答ではなく、適切かつリアリティーのある真摯な回答を得られていたことで信頼

感が生まれ、このチームでやっていけるという思いを強く持ちました。

安東：シグマクシス側としても、やはり最初に堤さんとFit to Standardについてきっちりお話しできてシンパシーが生まれたことで、SOLIZE様のSAP S/4HANA Cloud導入をFit to Standardで成功させたい！と強く思えました。実は本プロジェクトの前にも、Fit to Standardで導入を支援したお客様がいらっしゃいました。そのときマネジメント層がFit to Standardでやることをぶれずにコミットしてくださり、成功裏にサービス・インした経験があります。当時のお客様に感じたシンパシーを堤さんとも同じように感じられたことで、問題なくスタートを切れると思いました。

太田：逆に言うと、2019〜2020年頃は、Fit to Standardでやろうというマネジメント層と出会うことはまだまだ少なかったんです。ERPは1990年代の後半に日本での普及が始まりましたが、企業各社の業務プロセスを変えないままERPパッケージを導入したケースが大半です。標準化やベストプラクティスなどの掛け声はあったものの、実際は、非常に多くのアドオン機能を開発することで対応してきました。ですから、「2025年の崖」や、SAPさんのバージョンアップなど、再導入の波がくるタイミングで、同じことを繰り返してはならないと考え、2018

株式会社シグマクシス
ディレクター
安東 太輔様

株式会社シグマクシス 代表取締役
共同代表
太田 寛様

年から本領域に注力し始めました。

　しかし、業務プロセスを変えることは、現場だけでできることではありません。業務プロセスは特定の誰かがつくったものではなく歴史の積み重ねの結果ですから、導入時の担当者が「変える」「やめる」と判断するのは困難で、マネジメント層が強い覚悟を持って判断していく体制でないと業務の変更は無理だと考えていました。まさにこうした考えを持たれていたSOLIZE様となら、Fit to Standardを徹底できると確信を得たのです。

安東：Fit to Standardと言いながらも実はFit/Gapアプローチというケースが多い中、シグマクシスはFit to Standardを貫いてきました。多くの経営層にお伝えしてきたこともあってか、最近はFit to Standardでやりたいというご相談が増え、DX推進にはまず、基幹業務・システムでのSaaS活用が不可欠であることへの理解が進んでいると感じています。

経済回復の陰で

松井：3年で再生を実現させ、順調にビジネスを伸ばしていかれたSOLIZE様が、現状を打破しようとCorporate Transformation（CX）に取り組まれた背景を教えていただけますでしょうか。

堤：民事再生に伴う再生計画が完了し、その後の業績回復を2010年代ずっとやってきたのですが、それができたのは、先ほど触れたようにまずはお客様がいてくださったこと、そして経済回復がすごく効いたと感じています。では、効いている中で我々はどうしていたかというと、民事再生に至った反省から会社としての考え方は大きく変えたものの、もともと持っていたインクス時代のサービスにより売上を回復したに過ぎませんでした。2000年前後につくり上げたサービスを大きく変えずに使い続けてきただけだったので、2010年代の後半には我々の競争力は少しずつ低下していました。このままではこれ以上伸びないという意識が社内を占めていました。

　ただ私はグループ全体の総合力を発揮できれば、もっと現状を打破できるという思いを持っていまし

図①　Corporate Transformation – Background --

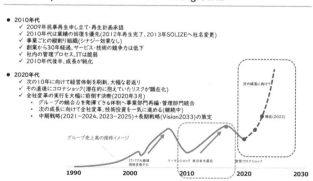

出典：SOLIZE株式会社

た。当時のスタイルは、各事業部門が縦割りで、単年度ベースのどちらかといえばP/Lをより強く意識した経営でした。再生のステータスにあったときは仕方ないですが、それが終わった後も、売上が伸びても投資は限定的で、たとえばITについてはコストとしか見ず、ツールにしても、全体像を描かずに個別にコスト優先で導入。それをやっていると管理プロセスは混沌としていき、IT基盤は貧弱なまま。そうなると、売上が伸びれば伸びるほど管理部門は人が増えて混沌に拍車がかかる一方。結局、事業部門側の強みは低下、管理部門側はコストが増える一方の状態でした。そんな中、2019年11月末に、2020年から経営体制を変えることになり、私自身が全社改革を推進できるポジションになったため、それであれば一気にやってしまおうという思いで進めました。その直後にコロナ禍になって、危機への対応の意識が高まったことで、私個人としては、結果的に改革を進めやすくなったと感じています。

　2019年に全社変革の全体像を描きました。将来イメージというより多くの課題に対し正面から向き合い、まずはマイナスをゼロに持っていく、イシュードリブン型の活動で、後ろ向きに言うとレガシーからの脱却、前向きに言うと次の成長に向けた企業体および基盤の再構築です。これをCXフェーズ1とし、2025年までに完了させる予定です。完全ではないもののかなり進んできたため、より長期的なビジョンの検討を始めたのが2021年9月頃から。2033年に向け、2026

～2033年をCXフェーズ2と位置付け、使命を実行・実現し成長する期間としています。現状の組織体系など含めて制約を設けないこととしています。

鈴鹿：全社基盤をSAPにしようとしたのは、どんな理由があったのですか？

堤：いくつか背景があって、まず会計システム刷新の段階に来ていて経理部門を中心に検討中でした。しかしそもそも全社のITインフラが脆弱で、会計システムだけ変えてもプロセスは何も変わらないとわかっていました。同時並行で国内三法人の統合も見据えていたため、これらの背景から、法人統合に伴う管理部門の統合だけではなく、全社で管理プロセスを一本化することを決めました。

　その決定と同時期にシグマクシスさんとSAPさんからFit to Standardという言葉を聞いて、それしかないと。もうシステムのカスタマイズはしない、システムに合わせ込むという意思決定をしました。またAIでの業務自動化などのデジタルテクノロジーの開発ロードマップも明確だったことなどから、結果的にSAPを選択しました。

松井：とはいえ、SAPといえば巷の評判は大企業向けで高い、ですが、お気になりませんでしたか？

堤：過去にそのような評判は聞いていましたし、当初は確かにその印象を持っていました。当時のIT部長がSAPにも声をかけたと聞いたとき、候補に入れるのは構わないけど、多分選ばれないんじゃないかな、と答えました（笑）。しかし、話を聞くとパブリック・クラ

図② Corporate Transformation – Overview –

出典：SOLIZE株式会社

ウド版を出して、システムの利用料、Fit to Standardに
よるシグマクシスさんのコンサルティング費用は、た
とえば10年のトータルコストで比較すると他社とほ
ぼ同じ。むしろ他社からの提案はコンサルティング費
用が明らかに安過ぎて、追加で予算が必要になるこ
とが容易に予想できました。

安東：我々は、Fit to Standardは追加の予算が発生す
ることに繋がらないと思っています。追加予算は通常
アドオンの開発から生まれますので、我々のアプロー
チでは発生しないはずです、と初めに堤さんに説明さ
せていただきました。

Fit to Standardを完遂するために

松井：SAP S/4HANA Cloud導入プロジェクトで、週次
ミーティングの最初の数分にシニアマネジャーの小
黒様がFit to Standardの目的や方針を毎回確認された
堤様のお考えをお聞かせください。

堤：私が実施しているプロジェクトマネジメントの
一つで、小黒にも今回実施してもらうことにしました。
要は、目的や方針は、最初に聞いただけだと皆わかっ
たつもりになりますが、そのうち忘れてしまうもので
す。そうなると目的と手段の入れ替わりが発生しがち。
しかし、何度も何度も聞くうちに、自分の心で暗唱で
きるようになり、自部門に戻って何をやっているか
聞かれたときに、きっちり目的から説明できるように
なって社内に広がっていきます。プロジェクトの中で

も外でも、「もう何回も聞いたからいいよ」的な愚痴が出たら勝ちです。

松井：抵抗勢力はいらっしゃらなかったのですか？

堤：実際にはいたと思いますが、プロジェクトの中で声を上げる者はいませんでした。Fit to Standard と No Customize を絶対に曲げない方針にしたこと、小黒が毎回それを繰り返したこと、シグマクシスのコンサルタントが導いてくれたことによって、徐々に受け入れられていったのではないかと思います。

　そうは言っても私自身は、プロジェクト開始から数カ月経ったときに、小黒から「Fit to Standardできません」という報告がくることを想定して、前もってそのときの行動を決めていました。そのときがきたら突然週次ミーティングに参加して、「もう1回考え直せ」と。それまで私は週次ミーティングには顔を出していませんでした。要は、現場の声を聞き過ぎてしまって一番ブレてはいけない人間がブレ始めてしまうと、壁に穴を開けてしまうと考えたのです。結果として、公式に「Fit to Standardできません」という報告は上がってきませんでした。シグマクシスさんには相談などがあったかもしれませんが（笑）。

安東：堤さんがおっしゃるように、小黒さんが毎回「No Add-on, No Customize」と唱えていらっしゃったので、表立って異論を唱える人はいませんでした。個人的に不安を感じていらっしゃる方には、私からコミュニケーションを取らせていただいていました。

松井：リアルで熱いですね。次にお伺いしたいのは、

現場のエース級をプロジェクトにアサインするとき
の堤様のお考えについて。新たに適用する標準プロ
セスで業務を回せると判断されたのは、それぞれの業
務領域での現場のエースだったと想像します。では
プロジェクトの間、実際の現場はどうでしたか？

堤：当然、各現場が大変になるということはわかって
いましたが、他に選択肢はなく、プロジェクトが走り
始めたらエース不在のそれぞれの現場がどうにかす
るはずという、良い意味の突き放しの気持ちでした。
それと、Fit to Standardを選択したから9カ月という短
期で終わるという見通しもありました。

安東：私の立場からも、各業務現場の皆様のご苦労は
想像できました。同時に堤さんがエース級アサインと
いう方針を貫かれた意義を感じていました。今回対
象となった、会計・購買・販売・プロジェクト管理は
企業固有の優位性を追求するのではなく、SaaSを活
用すべき業務領域で、生産性向上やデータの基準化
などの効果が期待できます。次なる姿を目指し、プロ
ジェクトメンバーの皆さんと現場の皆さんが乗り越
えた9カ月には、大きな意味があったと思います。

松井：ありがとうございます。ここまでのお話から、
いくつも成功要因を伺いました。一つ目、堤様のオン
サイトでのコンサルティング業務のご経験は、外部エ
キスパートとの信頼関係を不可欠とされ、シグマクシ
ス様と出会ったときのシンパシーに繋がっているこ
と。2つ目、外部エキスパートの力を借りる際、単に
価格が高いか安いかだけで決めるのではなく、実現し

たいこととの見合いで論理的に判断されていること。
3つ目、SOLIZE様にとって初めてのFit to Standardへ
の挑戦でも、こういうことが起きるだろうなと先を予
測して、あらかじめ打ち手を用意されていたこと。い
ずれも、例外のない成功要因だと思います。

変革の際にマネジメントがなすべきこと

松井：最後に、SOLIZE様の成果を元に、変革を成功
させるための鉄則を探っていきたいと思います。

太田：Fit to Standardの徹底において欠かせないのは、
マネジメントによる判断です。Standardに合わせよう
とするとさまざまなトレードオフが発生しますが、そ
れらを迅速かつ的確に判断し着地させていかなくて
はなりません。SOLIZE様のように、現場を熟知する
マネジメントがオーナーであるという体制が理想的
ですが、それができない企業も多くあります。これは、
ある大企業のケースですが、非常に厳しい局面にあっ
たプロジェクトに、現場業務の経験はないがマネジメ
ント判断力の高い部長がアサインされたということ
がありました。彼は毎週2回開催する「昼会」で、メン
バーが持ち込む課題をプロジェクト方針に基づいて
意思決定し、チームを動かしていきました。担当者レ
ベルでは判断のつかないものを、マネジメントはプロ
ジェクトの目標を軸に迅速に判断・解決していったと
いう実例です。このように、一般的に難しいといわれ
がちな大企業でのFit to Standardも、お客様とともに

実現できるはずだと私たちは確信を深めています。

松井：つまり、現場のエースが的確な情報を提供して、マネジメントはその業務をご存知かどうかに拘らずにプロジェクト指針に基づいて判断を下すことで、変革を推進できるということですね。

鈴鹿：そうです。SOLIZE様が現場のエースを投入されたように、プロジェクトにおける判断力についてもエース級のマネジメントが重要な役割を果たします。エースをプロジェクトに投入すると、もともとそのエースがいた現場はどうなるかというご心配もあると思いますが、むしろ現場が成長し、企業の成長につながる良い機会です。特に大企業には優秀な人材がたくさんいますから、心配ご無用でしょう。

松井：プロジェクトに必要なスキルセットを属人化させずにアサインすることが、規模にかかわらず、どんな企業様でも変革に向かう道筋となるわけですね。本日は皆様から貴重なヒントをいただいたことを感謝いたします。この座談会が多くの方々への示唆となることを心から願います。

　さて、当座談会のきっかけとなった"会社を再生させた"経験とFit to Standardを梃子にした変革の実現との直接的な関わりは否といえる。それよりも、課題解決後の状況は誰にも予測不能であり、だからこそマネジメントの迅速的確な判断が組織を正しく導く鍵であることを、改めて腹落ちした。

文・構成：SAPジャパン 松井昌代

第 4 章

チームニッポンの
確かな歩み

Prologue

　この章でお伝えしたいのは、「日本流の思慮深さと誠意がつくり上げた変革への意識」である。

　SAP製品の導入支援ベンダーであるIPSは、これからも顧客から信頼される企業であり続けるために、自社の管理業務の標準化とマネジメント基盤の構築にSAP S/4HANA Cloud, public editionを採用。自分ごととしての経験だからこその知見を、顧客へのサービスに生かしている。

　しなやかにビジネスモデルを変革するために求められるのが、従業員全員の「変える意識」。しかし、根こそぎ変えることが是ではない。世界有数の実績を持つ日本精工は、外部から招聘した変革リーダーとプロパーのIT責任者が核となって、対話と合意形成による新たな文化の醸成を推し進めている。

　デジタル人材イコール変革人材では決してない。計測・分析・解析技術のリーディングカンパニー・日立ハイテクは、自らの歴史の中から変革の意義を問い続けた結果としての具体的な変革人材像を見出し、人材を輩出し続けている。

　日本の中には、「失われた30年」といわれる時間を、文字通りいたずらに過ごした企業があるかもしれない。

　しかし、トライアンドエラーも含め、その時間を着実に有意義に過ごし、顧客や従業員とともに未来に向かうことができる企業は、こうして確かにある。

導入支援のプロとして、常にお客様の先を歩く

圧倒的な変化を迎える時代に向き合う
IPSの姿勢と実践、そして学び

「さまざまな技術開発の取り組みを見ると、過去20年と未来の20年は大きく違うだろう。過去20年は大きな変化というよりは、地面の下でゆっくりと着実に技術開発が進んでいった時代。そして今、まさにそれらが芽を吹き、育ち、花を開き始めた。スマート工場、車の自動運転、空飛ぶ車……、世界は大きく変わり始め、これからの20年は圧倒的なスケールとスピードで変化していくと覚悟している」

こう語るのは株式会社アイ・ピー・エス(以下、IPS)の常務執行役員SAPサービス事業部長の赤松洋氏である。

IPSはお客様のSAP製品導入を支援する、業界では"導入支援ベンダー"と呼ばれる企業である。創業以来25年、SAPビジネスの最前線を邁進し、お客様から高い評価を得ている。また、SAP Partner Excellence Awardの受賞実績もある。

株式会社アイ・ピー・エス
常務執行役員
SAPサービス事業部長
赤松 洋氏

「お客様の変革を支援するタフなビジネスであり、現在のポジショニングを維持しさらに成長するには、常に技術の研鑽と蓄積に努め、素早く変化を察知しそれに合わせて変容すべく、全社を挙げて本業に集中していくことが大切。先に述べたような変化を前にして、楽しみでわくわくするとともに、なお一層の団結と集中、一人ひとりの主体性やパフォーマンスの向上を目指している」と赤松氏は言葉を続けた。

常に変化を見極め、変革を遂げていたIPSだったが、さらに前進し成長を続けるためには、解決すべき2つの課題を抱えていた。

新経営体制・管理体制、実現への基盤

実は、IPS自身が抱えていた課題は、他の日本企業と同様だった。一つは、「属人的な管理部門の業務」である。かつては合理的と思われていたが、本業が成長するにつれて、システム基盤がそれを阻害するようになっていた。管理部門の業務を刷新し、改めて本業に集中できるシステム環境の構築が、さらなる成長に向けて急務だった。

もう一つは、「将来に向けたマネジメント基盤の構築（創出）」だった。若い経営体制・管理体制へ移行すること、組織力とマネジメント体制の強化を図ることが、成長へのエンジンになると捉えられていたが、それにはマネジメント基盤そのものの再構築が必要だった。

この2つには、システム基盤の再構築が不可欠で、その実現にはSAP S/4HANAが持つ絶対的な"統制と数字の信頼性"が有効であることを、本業の経験から熟知していた。その一方で、オンプレミス型にしてもプライベート・クラウド型にしても、コストや運用負荷の点からIPSにとって過剰に思えた。

最適なソリューションを検討していたとき、SAP S/4HANAのパブリック・クラウド版がリリースされることを知り、赤松氏は飛びついたという。

「優れたTCOだけでなく、運用やバージョンアップなどの作業から解放されることのメリットは大きい。また、経営としてはIT全般統制のかなりの部分をSAPに任せられるのも気が楽。まさに本業に集中できると感じて採用した。もちろん、いち早くSAP S/4HANA Cloud, public editionを体験することで、顧客向けのサービス開発にもアドバンテージが取れる、そんなビジネスの下心もあった」

全社ベースの業務改革を実現することで、より本業に集中し本業以外を安心して任せられるインフラ、標準化された業務プロセスに基づいて決算が行われるコアシステム、今後の新規ビジネス創出など、IPSが狙った効果を実現するためにはSAP S/4HANA Cloud, public editionが最適だった。

SAP S/4HANA Cloud, public edition採用決定と同時に、業務全体を総合的に効率化するシステム構成を検討した（図①）。また、一般的に言われるような「SAPシステムを業務標準化のリファレンスとして使う」と

いう意識ではなく、市販のパッケージ・システムと同じく"変えられないモノ"であり、道具として活用し目的を達成することを大方針として掲げた。参考ではなく完全に準拠する、これはまさに"Fit to Standard"でプロジェクトを推進することそのものである。

プライドをかけた自社導入

前述の2つの課題を解決するため、次の3点を目的としてプロジェクトを発足した。

1. 数字の信頼性の担保。人の目ではなく仕組みで統制を図ること

2. 見える化。数字に基づき合理的な判断が行えるようにし、全社員の主体的な活動を促すこと

図① IPSシステム構成図とプロジェクト概要

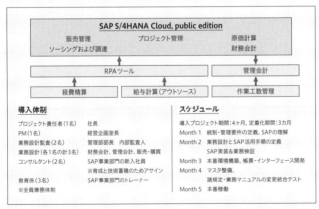

出典：SAPジャパン

3.　管理部門の効率化徹底と戦略業務へのシフト

「作業が効率化される分、要員はより高度な業務に集中できることを実証したかった。SAP製品の導入支援ベンダーのプライドにかけて（笑）」当時を振り返り、赤松氏は笑いながら語ってくれた。

プロジェクト期間は4カ月で計画。体制は本来の職責と期待値に準じて編成を行い、理想的な体制が構築できた。皆が主体的・積極的に取り組み、予定通り5カ月目に本番稼働を迎えた。変革に向けての大きな壁や困難に直面して乗り越えるという感動的な逸話はなかった。IPSがお客様に薦め、自身が生業としているシステムであるため、それを受け入れて活用することに何の異論が出るはずもなかった。

加えてプロジェクトが成功した背景には、IPSの社風が大きく関わっていると考えられる。

「IPSは常に変化し続けている。プロジェクトで経験した成功や失敗を次のプロジェクトにフィードバックし改善し続けている。管理部門も同様で、属人的ではあったが無駄なことを嫌い、常に仕事の見直しや改善に取り組んでいた。全社で自ら変わることを当たり前として受け入れる文化が定着していた」（赤松氏）

また、マネジメント層と現場が直結し、情報共有、承認、指示を、素早く行う仕事のやり方が社風となっていた。内部統制やISMSなどのプロジェクト経験もあり、全社的なプロジェクト推進の素地ができ上がっていたことも大きな成功要因だった。これらは先述

した"Fit to Standard"と並んでSAP S/4HANA Cloud, public edition導入時に最重要となる、マインドセット（考える際の癖やそこから起こる行動）のクラウド版・SaaS版への移行、いわゆる"Cloud Mindset"および"ビジネスレディネス（環境や業務変化などを受け入れる準備）"をIPSは単なる標語ではなく、まさに体現した結果の成功である（図②）。

普段とは逆で、お客様の立場でプロジェクトを推進するのは新鮮で楽しい経験だったと赤松氏は語ったが、一方で、現場の運用が安定するまで本稼働後3カ月を要したことは今後の反省点として捉え、実際の顧客支援ビジネスに生かしている。

この本稼働後の安定化も含めて、改めてプロジェ

図② プロジェクトの振り返り

改めて認識した点・改めて問題意識を持った点	
①経営層によるタイムリーな判断	現場は仕事をなくす（業務の一部または全部を廃止する）という発想がない。よって、その判断は経営がタイムリーに実施しなければならない
②従業員一人ひとりの主体的な取り組み・姿勢	業務の見直しや変化への対応には従業員一人ひとりの主体的な取り組みと行動変容が不可欠。自分のPCの中・自分用の表計算ソフトでの管理業務を廃してSAP製品での業務遂行に向き合うことが成果を得るポイント。大きな組織ほど、どのように皆に理解してもらい実践していけるか、そのために導入支援ベンダーが何を支援すればよいのか熟考が必要。プロジェクトのような限られた時間と体制では解決が難しい問題でもあるため、継続的な企業活動が必要
③時間だけが解決する問題	仕事の流れや手順が変わり、システム操作も変わる。順応することに大きなストレスを感じる従業員もいて、心が痛むこともあるが、時間の経過とともに解決していった
④ITリテラシーの向上・IT部門の役割の再定義	現場の問題を、一緒に手を動かして解決するIT人員がいないと取り組みは進まない。しかし、日本企業の多くは、IT部門の仕事の範囲が広がり、SAP製品スキルの修得もままならず、十分な支援ができないのが実状である。従来のIT部門の業務自体を見直し、ユーザー部門のIT技術の向上、そのための継続的な教育や投資が不可欠

出典：SAPジャパン

クト推進における重要なポイントも再認識することができた。

経験を活かしてお客様の成功へ貢献

プロジェクトはシステム導入がゴールではなく、その効果を享受することがゴールである。IPSは、変革の基盤を整え、その基盤を活用して見える化を実現、若い経営体制・管理体制のもと、組織力・マネジメント強化を開始している。また、全社的なデジタル化とペーパーレス化により、コロナ禍初期に全社でスムーズにリモート勤務体制へ移行、見える化が進み、一人ひとりの意識と行動が変わった。マネジメント層も稼

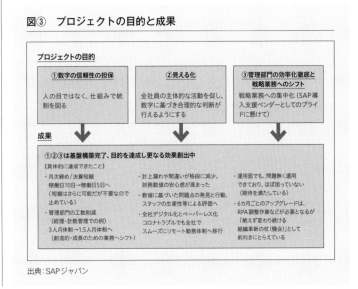

図③　プロジェクトの目的と成果

プロジェクトの目的

①数字の信頼性の担保	②見える化	③管理部門の効率化徹底と戦略業務へのシフト
人の目ではなく、仕組みで統制を図る	全社員の主体的な活動を促し、数字に基づき合理的な判断が行えるようにする	戦略業務への集中化(SAP導入支援ベンダーとしてのプライドに懸けて)

成果

①②③は基盤構築完了、目的を達成し更なる効果創出中

《具体的に達成できたこと》

・月次締め／決算短縮
　稼働日10日→稼働日5日へ
　(短縮はさらに可能だが不要なので
　止めている)
・管理部門の工数削減
　(経理・計数管理での例)
　3人月体制→1.5人月体制へ
　(創造的・成長のための業務へシフト)

・計上漏れや間違いが格段に減少、
　財務数値の安心感が高まった
・数値に基づいた問題点の発見と行動、
　スタッフの生産性等による評価へ
・全社デジタル化とペーパーレス化
　コロナトラブルでも全社で
　スムーズにリモート勤務体制へ移行

・運用面でも、問題無く運用
　できており、ほぼ困っていない
　(期待を満たしている)
・6カ月ごとのアップグレードは、
　RPA調整作業などが必要となるが
　「絶えず変わり続ける
　組織革新の杖(機会)」として
　前向きにとらえている

出典:SAPジャパン

働率向上や非稼働人員の改善に強く問題意識を持ち活動するようになった（図③）。当初の目的には含まれていなかった副次的効果も生まれ、赤松氏自身の働き方も変わったという。

「もはやこの環境がない時代へ戻ることは考えられない。今さらながら、以前はよくやっていたものだ、皆に負担をかけていたと反省している。自社導入を経験することで、お客様と同じ視点で考え行動できたことは、気づきや問題意識の醸成に非常に役立った。この経験を新たなサービス開発の知見として、お客様の成功へとフィードバックすることが我々の次の大きな目標である。お客様サービスの改善・向上を誓いたい」と、より一層の決意を表明し赤松氏は言葉を締めくくった。

システム基盤が構築されることで、業務の標準化や見える化、さらに人材の流動性向上やガバナンス強化、経営判断の迅速化などの効果は大きい。しかし、今日の経営はこれらだけでは足りず、変化を素早く受け容れて競争力の源泉として取り込み、強化していくことが求められている。システム基盤は経営戦略に即応する必要があり、決して足枷になってはならない。そのためにも、競争力の源泉以外は"Cloud Mindset"を持ち、"Fit to Standard"で自社固有の管理業務を最小化し、変化に備えることが、これからの時代を迎えるために有効なのは、もはや疑いの余地がない。

文：SAPジャパン **武笠 衛**

外部人材と内部人材の協働。
伝統的日本企業の変革

変革のカギは、変革意識の掘り起こしと、
タテ、ヨコ、ナナメの真摯な対話の繰り返し

創業百年を超え、世界有数の実績を持つベアリングメーカーである日本精工（以下、NSK）は、今、デジタル変革を強力に推進する。コンサルティング会社よりNSKに入社し、デジタル変革を主導するデジタル変革本部長の村田達紀氏と、プロパーとして長年NSKのITを支え、村田氏とともに変革を進める小澤俊史氏に、それぞれの「実行」について伺った。

▎リーダーシップ──変革は率先垂範

NSKのデジタル変革は、市井社長自らが牽引している。社長就任直後から、デジタル変革の必要性を認識し、村田氏に支援依頼があった。村田氏は、社長の本気度に共感し、入社に至ったそうだ。

市井社長の考える変革のリーダーシップは、日本の伝統企業に多く見られる、下に検討させ判断するのではなく、自らが強く推進するスタイルだ。

現場レベルでの変革のリーダーシップは、取り組みの初期においては発揮が難しいといわれる。しかし、NSKにおいて、それは困難な課題ではなかった。

「何よりメンバーに機会を与えることが大事です。現場から外してプロジェクトメンバーとして専任化したところ、元々持っていた問題意識が『爆発』するかのような動きが出始めています」と小澤氏は言う。村田氏も、メンバーが期待していたよりも遥かに高い問題意識を持っていたことに驚いたそうだ。

変革チーム——業務、IT一体の司令塔、実行組織

NSKでは、「DXビジョン」にて、変革とは、①企業変革、根本的にビジネスモデルを変えることであり単なるITの導入ではない、②変革は一時的なものではなく継続するもの、と明確に定義している。デジタル変革本部を創設したのも、IT主導ではない「変える意識」そのものを社内に浸透させるためだ。

現在のデジタル変革本部は、主に業務部門、IT部門の出身者と、当本部に直接入社した外部人材で構成されているが、2023年度からは、従来のIT関連部門（情報システム部門、保守担当会社、設計開発業務に特化したIT部門）とも統合した。役割の重複を廃し、「One team」として変革を加速させる狙いがある。「業務とITの区別自体がもう古く、業務出身者もITを学ぶ、ITの人も業務を学ぶ」「組織の壁、業務、ITの区別は一切関係なく、必要なことをみんなでやる」ことを基本指針としている。合流するメンバーも、ITの仕事というだけでなく変革そのものに関われることで士気は高い。

将来は、継続的な変革を担う社内コンサルタント

のような組織となり、NSKにおけるキャリアパスの一つの選択肢になれば、と村田氏は考えている。

対話、協業と役割分担、方法論、決断

変革のためには対話と合意形成は必須だ。NSKでは、部門の壁を取り払い、会社にとって必要な変革を行うというメッセージを強く発し、日本の企業にありがちな、役員や社員は自分の担当領域がすべてという傾向を否定する。全社視点で考えた上で、その中での自分の役割を考え実行することが、価値を生み、やりがいを感じられるという信念からだ。加えて、トップマネジメント層による委員会という仕組みを設け、率直に意見を言い合えるようにしている。その委員会の一つにデジタル変革をテーマとするものがある。これを用意したのも市井氏だ。

システムアーキテクチャの観点においても「NSKのオペレーションレベルをもう一段高度化するためには、全体最適の考えに基づき、システム構造から描き直すことが必須」（小澤氏）と捉えている。

「今後も全社最適なデジタルトランスフォーメーションという観点から広い視野で目指すところに踏み込んで議論する場を、役職、入社年次、担当業務に関係なく提供していく」（村田氏）。

現場との対話での反応もポジティブだ。業務部門の問題意識を取り込みながら議論することで、現場を巻き込んでいっている。対話には、目の届かない所

をなくすという効果もある。

　変革像、具体的なプロセスは、業務部門自身ではなく、業務部門出身のデジタル変革本部のメンバーが導入パートナーのスペシャリストと一緒に検討。目指す姿を実現するための新しいプロセスを描くアプローチを意識的に採用する。NSKのメンバーだけでは現行踏襲となりがちで、課題が残る傾向があるという考えからだ。今後、検討が進むに従い、現行踏襲で、いわゆる「変革の骨抜き」にならないよう、原理原則、変革の目的(ゴール)を、上から、中間から、下から、まめに訴え続けるほか、具体的なレベルで効果を早めに伝えていくことを意識している。

　変革に対して、社長と変革実行部隊の役割分担は明確だ。社長の市井氏が持つハイレベルな問題意識に対して、変革本部は問題解決策を具体化、実行する役割を担っている。このため、市井氏と、変革本部の村田氏、小澤氏は、定期的にコミュニケーションを取っており、その中で、自身の考えを率直に話している。市井氏はそれを理解した後、今度は、公の場で、変革本部のサポーター役を担う。

　パートナーに対しては「御用聞きでなく提案型で」(村田氏)、顧客企業の状況を踏まえつつも、迎合せずアイデアを提示し、さらに、言いっぱなしではなく、自社メンバーの認識との隙間を一緒に埋めていくことを期待している。一方、自らの役割は、パートナーの提案に対し、「最後に決めること、決断」(小澤氏)と明確に意識している。

NSKは、チェンジマネジメントに積極的に取り組んでおり、変革推進グループという専門チームを置いている。また、経営層ほか、各層に対して、基幹システム刷新（SAPの導入）というテーマに絞った意識変革ワークショップを実施している。「意識変革が成功要因の7割8割を占める」（小澤氏）との認識からだ。経営層で変革像、方向性を共有した結果、参加した役員が皆、「SAP導入による変革は避けられない課題」と認識したという効果があった。

一方、NSK入社以前よりさまざまな会社のプロジェクトでのチェンジマネジメントに携わってきた村田氏は、「変わることが必要だと訴えるだけではなく、何を変えたいか、なぜ変えたいか、皆の想いが噴き出る場をつくることがチェンジマネジメントに有効」と考え、やり方に一律の正解はなく、都度工夫しながら取り組むのが実際の姿だと感じている。

検討ではデザインシンキングも活用している。「目的指向、生み出したい価値を議論、共有し、その過程、あるいは実現手段として自分の仕事があるという意識を持つことで、変革の動きへの参画意識、モチベーション向上に繋がる」と小澤氏は語る。

全社レベルの変革では大きな決断が必要な場面があるが、村田氏は意思決定について、以下を意識しているという。

1. 具体的に地に足が着いたものであるか、そこにコミットメントがあるか確認すること
2. 決断に関係するメンバーの想いを理解すること

3. 最後に会社としての意思決定とするため、関係
   者に情報を包み隠さず説明すること
4. 決断の責任を明確にすること

　関係者への説明は「自分の過去の経験と比較して
も」（村田氏）時間を要しているが、日本企業では避け
て通れないものとして真正面から取り組んでいる。小
澤氏もメンバーに対して同じ姿勢で臨む。

企業文化──真面目だがゴールを意識していない？

　NSKは、百年以上の歴史があり、基本的に変わらな
い製品をつくっているせいか、変化には慎重だといわ
れる。また、外部から来た村田氏は、いい人が多く真
面目だが、それゆえ「自分の責任は一生懸命果たすが、
他の領域には礼儀を弁えてものを言わない結果、部
門の壁ができてしまっているのでは」と分析している。
さらに、「日本企業は一般に、ゴールを意識せずプロ
セスをきちんと進めることに注意が向く。また、組織
としてそれが評価される傾向があるが、ゴールに行く
ことが価値であってプロセス自体に価値があるわけ
ではないという発想がないと、スピード感が生まれづ
らく、変革が苦手な組織になってしまう」といった課
題を認識している。

　これについては、多様性の効用を期待している。
NSKは多様性の受け入れと活用に積極的に取り組ん
でいるが、村田氏は、多様性の効用として、同じゴー
ルでもゴールに至る思考回路が違うため、さまざまな

やり方を検証できるほか、従来と異なる価値観を持つメンバーが、過去の風習に囚われることなく最適な方法で直線的に考えることができる点を挙げ、それは均一な価値観の世界では難しいと指摘する。

人材相互理解とパートナーシップ

外部採用のメンバーには、理由なくNSKに合わせず、遠慮せず、思ったことを表現することを期待する。村田氏自身も、ある役員からは「NSKパーソンにならないように」と言われ続けているそうだ。

一方、外部人材が活躍するためには、内部人材からの適切な支援が欠かせない。村田氏は、外部から来た自分がユーザー企業で改革を行うに際して、小澤氏のような内部を熟知するメンバーとの十分な意見交換は決定的に重要と指摘する。小澤氏もまた、橋渡し役を意識し、村田氏が社内で適切な人と意見交換できるよう心を砕いている。「プロパーからすると、NSKを知ってもらいたい気持ちがある。過去の経緯、自分だけに入ってくる情報等をうまく伝えていきたい」と小澤氏は言う。

外部人材の課題は、思わずその企業の過去を否定しがちなことにある。「それが仕事でもあるが、やり方を間違えると何も動かなくなる」(村田氏)。村田氏は、小澤氏のサポートを得ながら、社内のコミュニケーションに最大限の労力を払っていることが印象

的だ。「遠巻きに様子見半分ではなく、覚悟を決めてどっぷり現場に浸かることが必要」（村田氏）との指摘も重い。

小澤氏は、内部人材の課題として「過去の自分の経験、知見を否定すること」を挙げる。プロパーという特権意識を持つのでなく、未知なことへの探求心を持ち、新しいアイデアを活かすためにこそ、自社での経験、人脈は活かされるべきだと考えている。

いわゆる外部人材がユーザー企業で働くことの魅力は、背景を理解した上で、それと格闘し、自らの判断で現実をつくり出せることにあると村田氏は言う。外からアドバイスする立場と、内部で自らの判断で現実をつくることは全く違う。村田氏自身も、提言自体よりも、その実行が重要で、入社してから外部にいた自分が知らなかったことが思いのほか多く、それが現状の課題に直接結びついていることを理解したという。

「日々ガチなんです」─入社前からの知り合いから、外部の人間として仕事をしていたときと現在との違いを問われると、村田氏はそう答える。改革について小澤氏は次のように言う。

「100％ポジティブな仕事をしています。未来を形づくる仕事なので、本当に前向きです。今までとは全く違う目的意識で議論、検討をしている感覚もあり、そのような新しい動きを是非多くの社員と一緒につくり上げられれば、と思っています」

文：SAPジャパン **新井将晃**

未来を見つめ続けるために、失敗を恐れず障壁に立ち向かう

自社を知る者、現場を知る者、デジタルを知る者
絶え間なく変革人財を創出する日立ハイテク

日立ハイテクは、生化学免疫分析装置などで世界トップクラスのシェアを誇る計測・分析・解析技術のリーディングカンパニーである。

「ハイテクプロセスをシンプルに」とのビジョンを掲げる同社は、二社統合により誕生した2001年以降、絶えず変革に挑戦してきた。ここ数年は、「デジタルトランスフォーメーションプロジェクト」（以下、DX-Pro）を通じ、次の10年の成長戦略を実現する業務プロセスの創造に取り組んでいる。

DX-Proを主導するひとり、デジタル推進統括本部統括本部長の酒井卓哉氏は「変革は道半ばだが、成果も見え始めている」と語る。その一方、「その過程は試行錯誤の連続だった」とも明かす。

ここでは、道半ばだからこそ、成功してからでは埋もれがちな変革の軌跡と要諦を紹介する。特に同社が育んできた変革の文化、人財を礎に、

株式会社日立ハイテク
デジタル推進統括本部
統括本部長
酒井 卓哉氏
撮影：SAPインターン生
原田、岡野

DX-Proでは3つの要素が変革の推進力となっていることを、自社変革に取り組む人にお伝えしたい。

日立ハイテクの変革文化と人財

日立ハイテクは、これまで製造・販売・サービス一体化の組織づくり、経営改革、事業構造改革などに果敢に取り組んできた。

「10年、20年先も社会になくてはならない企業になる」（同社ホームページ）とのメッセージからは、常に未来を見続け、今を考える同社の姿を垣間見ることができる。自社の制度・組織等を変えるだけではない。同社では人財も「最も重要な経営資源の一つ」と位置付け、「継続的なイノベーションを創出できる変革型人財の育成」（同社ホームページ）を目指している。自社を進化させ続ける文化、人財を地道に育んでいる日立ハイテク。DX-Proは、こうした中で2018年に始動した。

10年先を見る、DX-Pro

当時の状況を酒井氏は次のように振り返る。

「事業が手堅く、リーマン・ショック時を除き黒字経営を続けてきただけに、自社の伝統的な事業、業務スタイルが『勝ち組』であり、『標準』との雰囲気がありました。一方、次世代製品開発や次のビジネスをどう生み出していくかなど、世の中の急速な潮流変化に、このままでは対応できなくなるとの危機感も強く

ありました」

　これに対し、日立ハイテクは現状に甘んじなかった。10年先を見据えた成長戦略を実現していくためには「人手を増やしマニュアルで対応していくか、デジタル技術を活用した変革か」（酒井氏）と考えれば、答えは明らかだった。

　26カ国／地域に事業展開する中で分断されていた「顧客から営業・設計・製造、調達、サプライヤーまでのエンド・ツー・エンド・プロセス」をDX-Proの名の下に、抜本的に見直すことを決断する。

変革推進力となる3つの要素

　DX-Proでの変革推進を語る上で、「組織」「アドオン審議会」「クラウドテクノロジー」の3つの要素は欠かせないと酒井氏は強調する。

　いわば、変革の骨組みとして、トップダウンとボトムアップが機能する組織をつくる。変革の関所として、現場のシステム追加開発要望に対し、変革とは何か問い続ける。変革促進の仕掛けとして、最先端テクノロジーを持つ、ということだ。

1.　組織：トップとボトムが連動する骨組みをつくる

　「『変革』と称したこれまでの取り組みは、結局部門単位の小規模改善に留まり、旧来の基本的な業務形態が変わらなかったこともありました」。だからこそ、と酒井氏は続ける。「自社を俯瞰的に知るトップ。自部門の事業・業務を熟知したボトム。そのどちらが欠

けてもDX-Proは成功しませんでした」。

DX-Proでは、社長がオーナー、管掌役員がリーダーを務め、その配下にBOM（製造／設計）、SCM、財務、サービス、商事、ITの分科会が連なる（図①）。

トップダウンの源泉として、社長はもちろんのこと、変革領域知見が豊富で社内全体を把握していた複数の役員も、自身の経験を絶対視せず、現状を捨ててでも変わる姿勢を見せた。

「上が自ら変わると言えば、下は安心する。あの人が言うことなら聞こう」（酒井氏）との雰囲気を「自社を知る者」が率先してつくり出したのである。

これと同時に、DX-Proでは変革意欲が高い「現場

図① DX-Pro体制図・テーマ

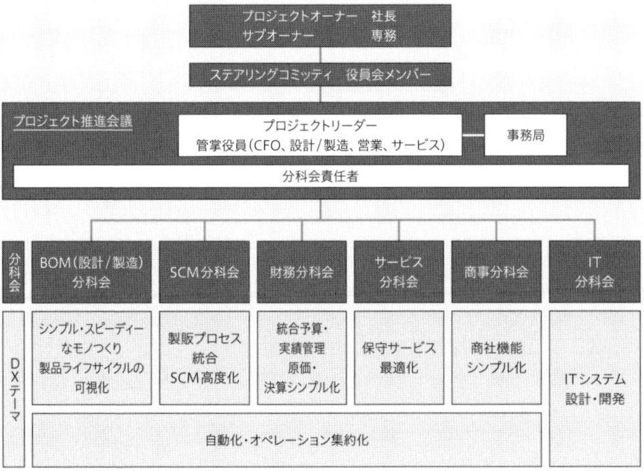

出典：日立ハイテク提供資料を元に筆者作成

を知る者」集めに努め、ボトムアップが正しく機能する工夫も施した。DX-Proが本部長と部長を直接指名した上で、社内各所から約40名の自部門業務を熟知した精鋭を厳選。彼らは、現場の具体的な問題意識に基づく変革案を積極的に提示したという。

こうして「自社を知る者」と「現場を知る者」が、一つ組織の中でDX-Proを通じ具現化すべきことを侃々諤々と議論し、9つの事業・業務を横断した「目指すTo Be像」を全社目標として設定した。

この目標は、その後、分科会別のTo Be、各分科会に紐づく業務別To Beにカスケードダウンされていく。一方、この過程で「いくら皆の変革意識が高くても、できない理由をまず考えてしまい、現行踏襲に回帰する懸念があった」(酒井氏)ことも事実だ。そこで、次に述べるアドオン審議会を通じ、変革の手綱を引き締めていくことになる。

2. アドオン審議会：関所として、変革を問い続ける

システム追加開発(アドオン)の妥当性を検討するアドオン審議会は、IT部門主導の開発手法などにはじまる技術視点の討議に陥りがちである。

しかし、DX-Proでは「トップダウンとボトムアップが出会う場」(酒井氏)である同審議会に変革の関所としての役割を強く持たせた。

専務および管掌役員が事業・業務観点、酒井氏の務めるデジタル推進本部長(当時)が技術観点の審査を主催し、70回187プロセスにおよんだ審議において次の視点で現場からの申請内容を厳しく見極めた。

- 業界標準プロセスで対応できないのかどうか
- （他社では一般的ではない）日立ハイテク固有のプロセスかどうか
- SAP S/4HANAにアドオン開発しようとしていないか
- 開発方法はTo Be像からずれていないか

　その上で「システム標準機能では現状と同じ業務ができない、といった申請は審議以前の問題」（酒井氏）として例外なく差し戻した。

　さらには、システム稼働日を守るために、既存機能を追加開発するべき、となった場面でも「期日未達を恐れてアドオンをつくり始めたら、変革は失敗」（酒井氏）との見解を内外に示した。それどころか、変革実現を第一に考え、「フレキシブルに目標、ゴール、スケジュールを変えていった」（酒井氏）。

　変革とは何か。なぜ行うのか。DX-Proがシステム導入プロジェクトではないからこそ、この点に注力して、問い続けたのである。レガシーシステムで9,000本以上あったアドオンを約520本にまで削減し「ハイテク標準プロセス」はつくられた。アドオン審査会でのDX-Proのブレない姿勢が、現行踏襲の流れを断ち切り、変革を進めたことを物語っている。

3.　クラウドテクノロジー：変革を促す仕掛けを持つ

　クラウドと変革は密接な関係にある。「自社事業・業務をより早いサイクルで回していくには、常に最先端テクノロジーを提供していくことが求められる」（酒井氏）からだ。

　同社デジタル戦略では「システムは構築するもの

ではなく、使うもの」とのクラウドファーストを掲げ、すでに約7割の自社システムをクラウド化している。DX-Proでもクラウド一択だったという酒井氏は、プロジェクト開始時に次のように述べたという。

「ユーザー利便性が高いシステムを志向するのであれば、手組みシステムが最適です。しかし、DX-Proを通じた変革実現は、世界標準のクラウド製品を如何にそのまま導入し、それに合わせたシンプルな業務プロセスを確立し、ビジネスのスピードアップを実現できるかにかかっています」

DX-Proのメンバーは、ドイツのSAP本社等を何度も訪問し、最先端の方法論、技術仕様等について社外エンジニアと議論を重ねた。「自分たちが変わるためには、自らクラウドテクノロジーを正しく、深く理解しなければならない」(酒井氏)と考えているからだ。基幹システムとなるSAP S/4HANA上には追加開発を原則禁止し、当時SAPが提唱し始めていたBusiness Technology Platform上でアプリケーション開発を行う方針は、この議論の中から生まれた。

また、SAP S/4HANAのパブリッククラウドとプライベートクラウドの各製品を国内と海外拠点で使い分ける構想(Two Tier Strategy)も具体的に描いた。

さらに、クラウドテクノロジーの中でも、特に社内に知見を蓄積、還元すべきと考えたコアテクノロジーのエキスパート養成にも取り組んだ。安易にコンサルティング会社、ベンダーに丸投げしなかったことで、コアテクノロジーについて「ある程度のことは自分た

ちで理解でき、判別できるようになった」(酒井氏)という。自ら「デジタルを知る者」になることで、DX-Proでの技術的な目利き力はもとより、これからの持続的変革の対応力も強化したのである。

自社の強みを見つめ切り、一歩ずつ進む

「まだまだアナログ企業ですよ」と謙遜しつつも「これからが楽しみ」と語る酒井氏。今後控えるDX-Proの海外拠点展開は若手主体チームに任せる考えだという。未来を見据え、いまを変える。そこで経験を積んだ人財が次の変革を担う。日立ハイテクの強みは、変革気質の継承にあると感じる。

変革に成功の法則はない。推進力として挙げた「組織」「アドオン審議会」「クラウドテクノロジー」の考え方、ノウハウなどは、いずれも自社を知る者、現場を知る者、デジタルを知る者が変革実現を合言葉に、一つずつ築き上げてきたものだ。

「失敗を恐れてはだめです。変革なんですから」

これまでの成功体験があるからこそ、酒井氏の言葉には力強さがある。世の中はサステナビリティ、パーパス、ダイバーシティーといった横文字で溢れ返る。これらの外圧に飲み込まれ、目先の効果創出に委縮し、変革の本質を見失っては本末転倒だ。

日立ハイテクのように、今一度、自社の強みを見つめ直してみてはどうだろうか。

文：SAPジャパン **古屋佑太**

2023年のスナップショット。 変革受容性可視化の試み

SAP Innovation Awards 2022受賞企業から 変革を起こしやすい企業風土の特徴を探る

コロナ禍以降、予想すらしなかった事態に人々が直面して、多くの人々が、これまでとこれからは違う、ならば変わっていかなければと思うようになった。「DX」は目的ではなく手段であることの理解もかつてより浸透してきている。そんな周囲の雰囲気を受けて、さらにその機運を高め、変革に取り組む方々にとっての具体的なヒントになるように、変革に向けた準備度合いや環境準備状況を、ハイレベルでいいから可視化できたら……。

「変革受容性の可視化」という、いささか無鉄砲なことを思いついてしまった。

執筆仲間に相談したら、「あったら面白いかも」。背中を押された形で検討し、試みた結果を読者の皆様にお届けしたい。

┃ はじめに：変革の目的と手段を再考

これまで、SAP Innovation Awards受賞企業の取り組みを中心に、90近くの海外の先進的な事例を読者に紹介してきた。本作を含む4冊の書籍では、章立てと

して系統的にまとめてきたが、そろそろ、一つひとつの事象としてではなく、何らかの"カタチ"で、数字で捉えることで、議論のきっかけになるのではないか。目指すイメージが決まったところで、これまで当たり前のように口にしてきた「変革」について、改めて考えてみることになる。

　そもそも企業にとっての変革とは、何のためか。言うまでもなく「これまで同様、将来にわたって継続的に社会や顧客に価値を提供していくため」と誰しも答えるに違いない。とはいえ、ここ30年ほどは、多くの企業が人材教育に力を入れてこなかった反省から、従業員も価値提供先に含まれるようになり、「人的資本経営」という言葉も企業のホームページで多く目にするようになってきた。では、企業が将来にわたって「ビジネス」という形で価値を提供し続けていく、昨今の言い方ではサステナブル経営のために、最も必要なこととは何だろうか。

　その前に留意しなければならないことがある。人材採用において、いわゆる企業のシニア・ミドル世代が経験した「企業が求職者の中から自社に合う社員を選ぶ」時代とは、今は人口動態が全く異なって、「求職者が自らの志向に合う企業を選ぶ」時代であり、さらに若い世代にとって定年まで一つの組織で働くという意識は希薄となっている。国境を超えて人材を集めるとしても、新興国市場にも有望な企業が続々と立ち上がっている。

　しかしこの先、企業経営そのものまでAIに任せる

ことはさすがに考えにくい。であれば、常に所属する従業員や直近の求職者に将来的にも選ばれ続けなければ、そもそも組織としての継続が困難となる。未来の候補者も含めた従業員の視点から、そのビジネスや組織が将来も魅力的であること。それは投資家の視点からも顧客の視点からも同様であり、サステナブル経営を担保する唯一の条件といえるだろう。

▍抽出・分析の基準定義と抽出対象の特定

投資家・顧客・従業員・求職者の視点から魅力的であることを象徴し、公開情報から得られる見込みがあること。かつ、初めての取り組みなので、わかりやすく表現することを念頭におき、レーダーチャートイメージで表せるよう、6つの項目を選んだ。その際、次世代人材に焦点を当て、彼らの経験や考えを重視したいと考えて、Z世代代表として弊社新入社員やインターンの意見を参考にした（P229 図①）。

A.　企業開示情報のデジタル化状況

公開・非公開企業を問わず、日本国内・海外を問わず、ほとんどの企業がホームページに企業情報を公開している。さらにアニュアルレポート・統合報告書を開示している企業も多い。ところで、2023年3月時点では、日本企業の情報はダウンロードして印刷することを前提にしているものがほとんどだった。もちろんPDF化された媒体はオンライン画面上で閲覧可能だが、「画面」という限られた視野で見ることを想定

していないつくりで、残念なことに目次がアナログの文字に過ぎず、見たい場所（ページ）に飛べないものも多い。ほとんどの企業が環境や資源への配慮を謳っているにもかかわらず印刷が前提のものが散見されるのは、どうなのだろうか。さらに言えば、PDFファイルではPC自体が持つ翻訳機能が使えない。

B. 統合報告書開示実績

　財務情報のみならず、非財務情報を含めた企業の特徴・魅力を開示しようとしているかどうか。ちなみに海外企業では、Integrated Report、あるいはSustainability Reportと呼ばれる。有価証券報告書のような固定のフォーマットと異なり、それぞれの企業の多彩な工夫が見られるが、内容については評価の対象とせず、開示実績とタイミングを抽出した。

C. 環境問題への配慮

　シニア・ミドル世代と比べると、一般的に今の子育て世代以下（次世代）は、自分たちの次世代である子どもたちの健康を願い、否が応でも環境への意識を高めざるを得ない状況下にいる。この世代の終身雇用への執着が薄らぎ、結果として企業が雇用したいと考えるのは新卒人材ばかりではなくなった。優秀な経験者を採用するにあたって、企業として環境への配慮は重要であり、そのことが単に口約束的な目標ではなく、実績を開示し経年でトレースできているかどうかを抽出した。

D. ダイバーシティー＆インクルージョン（D＆I）の対象と実績

　国籍・人種・民族・宗教・言語・性別・障がいの有無など、D&Iのテーマは多岐にわたり、国や状況によって優先順位が異なることもしばしば。ここでは、目標ではなく実績に焦点を当てて抽出した。

E.　ボードメンバーの多様性

　ボードメンバーの国籍と性別の多様性。ちなみに海外企業のボードメンバーは顔写真入りで国籍を明示し、さらにそれまでの経歴をLinkedInで紹介している。この項目は、従業員から見て、自身の将来のキャリアパスの多様性を想像できるかどうかを測る要素として定義、抽出した。

F.　従業員トレーニング達成度合い

　「人的資本経営」を掲げる日本企業が増えている。片や諸外国では、企業の終身雇用が一般的でない分、個人が自ら学ぶ文化が根づき、企業もそれを評価しスキル保持者として採用する。さらに、コロナ禍によるリモートワークがある種の追い風となり、企業内で今後必要とするオンライントレーニングが拡大・定着し、オンラインならではの受講率の把握が容易であることから、実績の開示が目につくようになった。

　今回、これら6つの情報を抽出する対象としたのは6社。SAP Innovation Awards 2022を受賞し、本書で取り上げた11の企業および組織から、非公開・非上場企業および行政機関の5つを除き、2023年3月時点の開示情報を分析した。

対象企業：Schnellecke Logistics / Verizon / Zuellig Pharma / ENGIE / Netze BW / Air Canada

図① 企業開示情報に基づく変革受容性分析（2023年3月時点）

A. 企業開示情報のデジタル化状況

ただ単に公開していても、閲覧者側で印刷する前提のPDFは資源への配慮に欠ける。デジタル技術を効果的に用いた開示情報は、投資家だけでなく次世代閲覧者への配慮の表れ

1. 日本語版PDF化のみ、かつしおり機能不使用（目次から該当ページに飛べない）
2. しおり機能は有効なPDF
3. ペーパーレス前提のWebベース企業情報開示

B. 統合報告書開示実績

財務指標と非財務情報で企業の価値創造ストーリーを知る資料。すべてのステークホルダーの閲覧を意識しているかどうかを表すと判断

1. 開示なし
2. 開示実績あり
3. 毎年開示

C. 環境問題への配慮

自身の次世代を意識する世代が注目する環境問題に対して、多くがシニア・ミドル層が経営トップである企業がどう考えているか。具体的にCO_2排出削減についての開示情報に注目

1. 開示なし
2. 達成目標の時期のみ開示
3. 達成目標の時期と割合の開示

D. ダイバーシティー ＆ インクルージョンの対象と実績

目標ではなく達成の開示。性別、性的指向、国籍、年齢などの多様性の意識と、それぞれの溝を解消する具体的な行動を分析

1. 性別ダイバーシティーのみ
2. 性別だけでない多様性テーマの開示
3. 4つ以上の多様性テーマでの具体的取り組みと達成の開示

E. ボードメンバーの多様性

従業員や求職者が、国籍・性別など、自身の背景や個性が尊重されるものと安心できるかどうかの判断基準

1. 単一国籍者のみ
2. 複数国籍者だが男性のみ
3. 複数国籍者で性別問わず

F. 従業員トレーニング達成度合い

社員教育実施の目標ではなく、実績の開示。社員教育の定量的実績の開示は、多くの企業が掲げる人的資本経営の具体性を表すと判断

1. 開示なし
2. 対象の開示
3. 対象と達成度の開示

出典：SAPジャパン

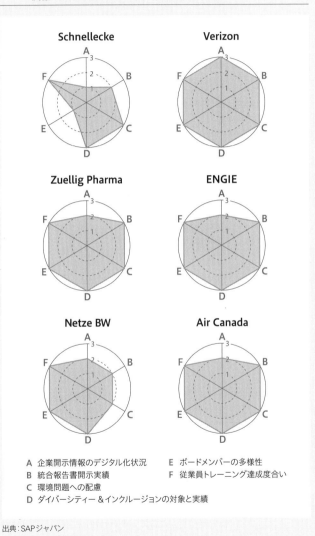

図② 変革受容性観点での可視化の試み
（対象：SAP Innovation Awards 2022 受賞企業6社）

A 企業開示情報のデジタル化状況　　E ボードメンバーの多様性
B 統合報告書開示実績　　　　　　　F 従業員トレーニング達成度合い
C 環境問題への配慮
D ダイバーシティー＆インクルージョンの対象と実績

出典：SAPジャパン

人々と企業、今後の共存とは？

　何も日本に住む人々だけではない。世界中の人々にとって、デジタル技術によって言語や国境の壁が低くなり、スピード感を持って情報に触れられる状況にいる。地球という一つの惑星でともに暮らし、等しく環境問題に直面している。それぞれ異なる背景を抱えていても、総じて自身の人生やキャリアが少しでも安全であることを願っている。そうした人々と企業が、今後どのように共存していくのか。

　壮大な問いに対して、毎年SAP Innovation Awards Winnerの Entry Pitch Deck からもらっているインサイトを、少々乱暴な方法で6つの軸で図②のように可視化してみた。結果は事前の予想の通りで、6社すべてがパーフェクトではないものの、かなり高いレベルにいることがわかった。間違いなく、今後も進化していくのだろう。

　さて、この結果を日本で活かすにはどうしたらいいか。敵対的でない外圧のペルソナとして、就活中の学生たちに企業情報、たとえば統合報告書を活用しているかどうかを聞いたところ、あまり見たことがないという。むしろそれなら、少なくとも一つはやれることが見つかったのではないか。まずZ世代に企業開示情報の存在を知ってもらう。企業側は、採用したZ世代に、同世代の視点を意識した「デジタル」開示情報の作成に参加してもらう。いかがだろう。

文：SAPジャパン **松井昌代**

あとがき

　昨年(2022年)7月、『Do it!—"経験"が、デジタル変革を加速させる』を上梓してすぐに、4月に発表されたSAP Innovation Awards 2022を受賞した取り組みを、ざっくりひと通り調べて傾向をまとめ、毎回快く執筆に参加してくれるメンバーに相談した。実は、これまでにない傾向が見られたからだ。受賞企業の取り組みの特徴は本書の「はじめに」で紹介した通り。2019年の受賞企業6社が2022年にも受賞していることは、変革体質の確かさを物語る良い材料と捉えるとして、問題はユーティリティー業界から5社が受賞している一方で、受賞取り組みがない業界がいくつもあったことだ。さて、それぞれの業界に強みを持つメンバーはブログ化に参加してくれるだろうか。しかも、ユーティリティー業界担当の田積 まどかは、スケジュールの都合で執筆参加が難しい状況なのは事前にわかっていた。しかしそれは杞憂だった。これまで3冊の書籍出版をともにしてきた仲間たちは頼もしく、自分が担当する業界ではない、他業界の受賞取り組みを、むしろ担当業界のお客様へのインサイトにするからと、快くIndustry Swap執筆を引き受けてくれた。さらには、サステナビリティをテーマにした受賞取り組みには、執筆未経験の社内他部署社員からも参加したいと手が挙がった。多忙な田積も、アドバイザー役

として執筆者とコンテンツをマッチングさせてくれ
ただけでなく、執筆者にさまざまな業界情報を提供し
てくれた。2022年の夏季休暇後、皆で一気呵成にブ
ログ執筆をやり遂げて、10月初旬にSAPジャパンブロ
グとしてリリース。それぞれが10ページもののコンテ
ンツを執筆した『Do it!』の勢いそのままの力強いコン
テンツ集は、書籍並みに満足のいくものだった。

　私は特に、2019年の受賞取り組みから歩みを止め
ず、さらにステップアップした取り組みを3年後に再
びSAP Innovation Awardsにエントリーして受賞した企
業の凄みに惹かれた。自然と「Change Readiness（変革
受容性）」という言葉が浮かび、いつかそのテーマで書
籍化するときのために、変革受容度の高さを感じられ
る良質なコンテンツをしっかりためていこうと考える
ようになる。

　描いていた未来は、あくまでも「いつか」だった。と
ころがいつもとは違うことが起きた。ブログをリリー
スした同じ月の末、オフィスで偶然、弊社のサービス
部門の責任者である、堀川 嘉朗常務執行役員クラウ
ドサクセスサービス事業本部長と言葉を交わす機会
があった。過去3冊の書籍の心強い支持者のひとり
からの、この活動を支援したいとの申し入れは願っ
てもないことではあるが、しかし私の中では勝手に
「Change Readiness」のテーマがあり、まだまだ1冊の本
にできるボリュームのコンテンツが揃っていない。に
もかかわらず堀川は、私の「Change Readiness」のテー
マイメージを全面的に支持し、さらに彼が統括する

サービス部門のメンバーが新たに執筆に加わり、その
メンバーが支援する日本国内のお客様の取り組みを
掲載するプランを提示してくれた。

　海外企業の凄みのある先進的な取り組みと、読者
にとって馴染みのある日本企業の取り組みのコラボ
は、一見素晴らしい企画のように思えた。しかし、こ
こで詳細は割愛させていただくが、お客様の実際の
取り組みを書籍化するには、実は多くの高いハード
ルがある。2022年12月に書籍化企画をスタートさせ
たものの、掲載する日本企業がすべて確定したのは、
2023年3月に入ってからだった。

　書籍はブログと違い、ページや開いた紙面の制約
がある。その制約をうまく使うことができて初めて、
ブログにはない満足感を読者に提供できる。ちなみ
に本書籍のコンテンツは、読中の違和感を極力なくす
ために、すべて偶数ページを割り当てている。そのた
め執筆者は、監修である私から最初に割り当てられ
たページに応じて、通常業務の合間を縫い、より濃密
な内容の執筆中に、いきなりまた私から2ページ単位
の追加が降り、見直さなければならない事態も考えら
れたのだ。結果的にそれは起きなかったけれど、当時
のことは今思い出しても息苦しい。

　しかし、掲載企業確定後の、時間的制約のある状
況でのサービス部門の執筆者たちの原稿は、彼らの
日々の納品成果物品質同様、書くのも速ければ内容
も充実していて、しかもお客様レビューもスムーズ。
私自身、久しぶりにプロジェクト現場の刺激をもらい、

一層品質への拘^{こだわ}りの念が強くなった。

　話は変わって、『Do it!』のあとがきに書いた、専門性を磨くことと、それを相手の心のストライクゾーンに合わせて言語化する能力について触れたい。

　私たちが続けている執筆活動は、お客様や読者や組織への貢献と、自分たち自身の現在と未来に向けた研鑽のシナジーを目的としていることは、今も変わりない。そして奇しくも本書の企画〜執筆〜監修中に、思わぬ形でその気持ちをさらに強くすることが起きた。ChatGPTの登場である。2023年6月時点では、多くの人々がいわゆる文書作成ツールとして使っている。文書作成を得手としない人たちにとって役立つものであり、その使い方についてChatGPT自身に質問してみたら、好意的な回答だったので、それはそれで良いとして、ある私の得意分野についてChatGPTと語り合った経験を紹介したい。回答が私の知見と異なるとき、ChatGPTの構文を意識しながら、根拠や事実を明確に提示し、論理的にこちらの意見として伝えたところ、興味深いことが起きた。ChatGPTはこちらの知見を元にさらに情報を集め、それを正しいと見るや、私への回答に含めるようになっていったのだ。つまり、人間側が自分の専門性と言語化能力を駆使して、自らの知見をChatGPTと共有することで、広く世の中の、日本だけでない、現在だけでない、未来に生きる人々にも活用してもらえるのだ。限りのない貢献のイメージが私の頭の中に広がって、大きな自己肯定感を抱くことができた。

引き続き、専門性と言語化能力を磨くことは将来にわたって有効であると、お勧めしたい。

・・・・・・・・・・・・・・・・・・・・・・・・・・・・・・・・・・・・・・・

　本書の執筆・編集においては、今回もプレジデント社の金久保 徹様に非常にお世話になりました。ご尽力に深く感謝申し上げます。今回ご参加くださったモデルナ・ジャパン株式会社 代表取締役社長の鈴木蘭美様、大和ハウス工業株式会社 執行役員 情報システム部門担当兼メディアテック社長の松山竜蔵様、SOLIZE株式会社執行役員 経営戦略・IT戦略担当の堤 皓朗様、株式会社シグマクシス代表取締役共同代表の太田 寛様、ディレクターの安東太輔様、顧問でありJSUG前会長の鈴鹿靖史様、株式会社アイ・ピー・エス常務執行役員SAPサービス事業部長の赤松 洋様、日本精工株式会社執行役 デジタル変革本部長の村田達紀様、デジタル変革本部長付ビジネス基盤刷新プロジェクトチーム マネジャーの小澤俊史様、株式会社日立ハイテクデジタル推進統括本部統括本部長の酒井卓哉様、並びに各社広報担当の皆様、こちらの都合に合わせて多大なご協力をいただいたことに深く感謝申し上げます。

　今回、インターンシップにより弊社で企業体験を積まれている、上智大学の原田佑介様と慶應義塾大学の岡野亜美様に、その腕を生かして写真班として時間を割いてもらい、いくつかのコンテンツでお客様の写真を撮っていただきました。深く感謝するとともに、お客様企業のトップや実際にデジタル変革を推

進する方々と過ごした時間が、おふたりの未来の糧になることを、心から願っています。

　常に、我がチームにとって頼れる支援者、SAPジャパン代表取締役社長の鈴木洋史、本書企画の発起人であり、どんな状況でも冷静で、ともに手立てを考えてくれた堀川嘉朗、私のメンターとしてひとりの読者として、話を聞いてくれたカスタマーアドバイザリー統括本部長の織田新一、ユーティリティー業界の知見を担当執筆メンバーに共有してくれた田積 まどか、ほかにも、多くの上司、同僚から協力を得ました。深く感謝いたします。

　そして、SAPジャパンが誇るThought Leaderとして結集し、それぞれの専門分野を超えて未来に向けた力強いメッセージを形にしてくれた仲間たち、土屋貴広、久松正和、山﨑秀一、東 良太、桃木 継之助、武田倫邦、柳浦 健一郎、古澤昌宏、日下部 淳、浅井一磨、佐宗 龍、武笠 衛、新井将晃、古屋佑太には、心からの感謝を伝えたいと思います。

　2019年11月の『Beyond 2025』書籍出版企画に始まり、世界を震撼させたパンデミック、その中で年に1度ペースの出版を重ね、今4冊の書籍を通して振り返ると、この3年8カ月が特別な時間だっただけに、何としても未来の礎としたいと意欲が湧きます。

　変化を痛みと捉えずむしろ糧にして、しなやかに前に進むために精進を重ね、さらに私個人の変革受容度を高めてまいります。

　　　　　2023年6月吉日　SAPジャパン 松井昌代

執筆者プロフィール

松井昌代

SAPジャパン株式会社
カスタマーアドバイザリー統括本部
スペシャル・ミッション・エグゼクティブ

2013年SAPジャパン入社。大手企業アカウントディレクターを経て、医療・ヘルスケア分野ソリューションの日本市場展開担当時からブログ執筆を始める。その後2020年『Beyond 2025―進化するデジタルトランスフォーメーション』執筆監修を機に現職。SAPジャパンにおける各業界の専門家が集う「Industry Thought Leadership活動」を推進し、年に1冊のペースで書籍の執筆監修を重ねてきた。SAP入社以前は、アクセンチュア株式会社にて日本企業・海外企業合わせて20社あまりの、ERPやBI製品導入をトリガーにした企業の業務改革支援に従事。特に海外大手先進企業のダイナミックな変革に関わった経験が、SAP、特に現在の仕事の基礎になっている。本書上梓後、SAPジャパンを退職し、新たな船出をする。

土屋貴広

SAPジャパン株式会社
カスタマーアドバイザリー統括本部
インダストリー・アドバイザー　ディレクター

システムインテグレーターを経て、2002年SAPジャパン入社。以来、さまざまな業界・企業へのコンサルティング経験を活かし、建設・不動産、商社、物流、小売などの業界に対し新たなインサイトを提供し、個別企業のビジネストランスフォーメーション推進の支援にも従事。さらにSAPジャパン内で「業界（インダストリー）」というカテゴリーでのビジネスディベロップメントを担う組織のマネジメントも兼務。また近年は、これらの経験を元に、特定業界に拘らない企業のビジネストランスフォーメーションプロジェクトの立ち上げを支援中。

久松正和

SAPジャパン株式会社
カスタマーアドバイザリー統括本部
インダストリー・アドバイザー

1990年、民営化したばかりのNTTに入社し、自由化される通信事業の中で、黎明期の商用インターネットサービスや映像配信サービスなどの開発などを担当。ベンチャー創業を経て、シスコ社にてデータセンタ事業立ち上げと顧客のシステムの構築支援を実施。2017年SAPジャパン入社。現職において通信およびITサービス業界を担当し、顧客企業のDX方針や変革アジェンダづくりを支援。6年間のSAPのインダストリー担当とシスコでの経験で、GAFAMなど米国IT企業が実現している強い経営を実感。そしてアジア各国のIT企業のダイナミックな展開を習得。比して旧態依然とした日本ICT企業の、経営の腰の弱さを痛感。顧客のバリュー向上にもっと貢献し、より強い企業になってもらうための改革を支援中。

山﨑秀一

SAPジャパン株式会社
カスタマーアドバイザリー統括本部
インダストリー・アドバイザー

ドイツ現地法人でのITビジネスを経て、1998年にSAPジャパン入社。SCMや生産管理を中核とした経験を活かし、SAP R/3のロジスティクスプリセールス、国内大手製造業のグローバルサプライチェーンマネジメントプロジェクトにSCMコンサルタントとして参画、Go-Live後はSCMプリセールスとして、鉄・非鉄金属、化学、ハイテク、自動車、食品・消費財・流通、小売業界を対象とした各社のサプライチェーンマネジメント改革の啓蒙や提案活動に取り組み、2013年から現在までは自動車産業に特化した経営課題解決や業務改革提案に従事。2019年から自動車産業エグゼクティブサミットと題して、経営層の最重要関心事項のEV、サステナビリティ、変革の先進事例紹介、パネルディスカッション、エグゼクティブ同士の交流の場を提供し、日本の製造業の国際競争力強化の一助となる取り組みにも関与する。

東 良太

SAPジャパン株式会社
カスタマーアドバイザリー統括本部
インダストリー・アドバイザー

2020年SAPジャパン入社。素材産業＆鉱業のアドバイザーとしてSAPグローバルと日本のハブを務め、お客様の変革に構想段階から伴走する。SAP入社前は、日系システムインテグレーターにてITプロジェクト・マネジャーを中心に20年間活動。仕事に充実感を感じながらも、日本の持続可能な成長に貢献するために、より多くの企業を支援したいとの思いでSAPへ転職。業界アドバイザーへの転身は大きなチャレンジであったが、現状を捨てる決断が自分を変えた体験は大きな財産となる。アドバイザー業務以外に、SAPジャパン社員がSAPビジョンの実現を目指す自主的な変革プログラムに所属。社会課題解決や社内起業家を目指す社員の支援などにも取り組む。

桃木 継之助

SAPジャパン株式会社
カスタマーアドバイザリー統括本部
ソリューション事業開発部
部長

1999年SAPジャパン新卒入社。営業、マーケティング、技術営業、事業開発、パートナー協業推進、グローバル標準機能の日本化、ユーザー会立ち上げなどの幅広い職務を経験。多種多様な職種の経験を通じて、複数の専門分野の知見を重ね、2021年より、SAP S/4HANAと買収した数々のクラウドソリューションとの連携からシナジーを生み出す、ソリューション事業開発部の部長を務める。過去、ERPだけでは実現困難だった業務を、クラウドならではの構成とプロセス連携によって、将来にわたってお使いいただけるソリューションをお客様に提案し、新たなSAPの魅力を知っていただくことに、組織を挙げて取り組んでいる。

武田倫邦

SAPジャパン株式会社
カスタマーアドバイザリー統
括本部
トランスフォーメーションオ
フィス

2016年SAPジャパン入社。消費財・製薬業界のプリセールスを担当し、企業変革を伴うSAPソリューションの提案活動に従事。2022年より、部門内の変革プロジェクトの室長を務める。SAPジャパンの中期経営計画「SAP Japan 2023 Beyond」社会活動部門の一環として、小児がんNPO法人におけるプロボノ活動（マーケティング基礎調査）にも従事する。SAP入社以前は、2003年大手SIerに新卒として入社し、コンサルタントおよびプロジェクトマネジャーとして国内外のSAP製品を活用した業務改革プロジェクトに携わる。経済産業大臣登録 中小企業診断士の資格を持つ。

柳浦 健一郎

SAPジャパン株式会社
カスタマーアドバイザリー統
括本部
インダストリー・アドバイザー

2003年SAPジャパン入社。入社して以来一貫してハイテク企業向けのソリューション提案活動に従事。グローバル化の流れや新たなビジネスモデルの台頭、欧州でのインダストリー4.0の動きなど海外動向に関心が高く、最近では海外動向を踏まえたマーケティング活動、協業・事業開発活動など活動範囲を拡大し、日本の組み立て製造業に価値を提供している。SAP入社以前には、大手日系メーカーの生産管理部門にてSCM業務を遂行する傍ら、在庫削減、計画サイクル短縮などの改革プロジェクトにも業務部門の立場で参画してきた。この経験を活かし、より多くの日本企業に貢献するフィールドを模索する中で、IT業界に身を投じることが近道と考え、幅広い業務エリアで貢献できるSAPに転職をした。

古澤昌宏

SAPジャパン株式会社
カスタマーアドバイザリー統
括本部
インダストリー・アドバイザー

1995年SAPジャパン入社。MMコンサルタント、パートナーアライアンスマネジャー、ライセンス営業などを経験。その後SAPでのプリセールス活動に足場を固め、NetWeaver製品群の機能、組立型製造業向けソリューションの価値などを顧客に紹介している。

SAP入社以前には、株式会社野村総合研究所にて証券システム基盤の設計開発、中央官庁向けシステムの設計開発運用、地方公共団体向けのシステム設計に従事。1994年にSAP R/3®を知り、そのアーキテクチャに魅せられて転職した。2020年4月からは京都情報大学院大学の教授として「ERPコンサルティング特論」を開講している（SAPとの兼業）。ライフワークは「企業システムのあるべき姿と、その実現を通じて企業が得られる価値について」の考察と、長唄三味線演奏。

日下部 淳

SAPジャパン株式会社
カスタマーアドバイザリー統
括本部
インダストリー・アドバイザー

外資系保険会社のファイナンシャル部門にて決算・FP＆A・会計方針・代理店手数料会計などの会計実務を経て単体ERP導入および日米ERP統合プロジェクトで日本側責任者を務める等、テクノロジーを活用したバックオフィス高度化のための変革に長きにわたり従事。コアファイナンス領域のみならず、旅費経費精算や調達購買領域においても、組織・人・プロセス・プラットフォームの観点から変革をリードした経験を持つ。バックオフィスだけでなく、フロント、ミドルを含む、保険会社全般の業務プロセスおよびシステムに精通。その後、大手コンサルティング会社金融サービス部門を経て2022年SAPジャパンに入社。保険会社をはじめとした金融サービス業界における変革を加速させるべく、変革マインドセットの浸透とSAPソリューションの活用を推進中。米国公認会計士・公認内部監査人。

浅井一磨

SAPジャパン株式会社
カスタマーアドバイザリー統
括本部
インダストリー・アドバイザー

国内ソフトウェア企業・日本マイクロソフト株式会社を経て、2021年にSAPジャパンに入社。官公庁、地方自治体のアドバイザーとして、防災、ウェルネス、人的資本などの社会課題を適切な最新情報技術を活用して解決策に落とし込み、提言を行っている。SAP入社以前はマイクロソフトにて、公共部門のクラウド事業戦略をはじめ、商社や通信業界、中堅中小企業を対象に営業、マーケティング、パートナー戦略などさまざまな立場に身を置き、21年間を通して政府機関および民間企業の変革を支援してきた。これまでの経験をすべて生かした活動によって得られる充実感という自身の体験自体が、お客様へのインサイトになるよう努めている。

佐宗 龍

SAPジャパン株式会社
カスタマーアドバイザリー統
括本部
エンタープライズアーキテク
ト

2010年にSAPに入社後は、SAP HANAの立ち上げから、プラットフォーム製品の事業開発、製品営業、プリセールス、CoEとして幅広く活動。直近ではエンタープライズアーキテクトとして幅広い業種業界の顧客に対して、エンタープライズアーキテクチャの策定支援に従事。2014年からはエンタープライズアーキテクト職と並行してドイツ本社と連携し、SAPジャパンでスポーツ・エンターテインメントビジネスの立ち上げを推進し、ITを活用したサッカークラブやバレーボールチームの強化や育成支援、デジタルマーケティングの提案や導入支援、コネクテッドスタジアムの提案等を推進。また産学官連携での防災・減災システム構築や循環型社会実現のシステム構築のアーキテクチャの策定を支援。

武笠 衛

SAPジャパン株式会社
SAP S/4HANA Cloud ASC - APJ
ビジネスプロセスコンサルタント、プリンシパル

2001年SAPジャパン入社以来、一貫してサービス部門に所属、アプリケーションコンサルタントからスタートし、お客様の変革プロジェクトにおいて、SAP製品の効果的な活用を梃子にしたビジネスの成功を支援してきた。2019年よりグローバル組織にレポートし、日本のお客様のSAP S/4HANA Cloud, public editionの活用を推進している。オンプレミスからパブリッククラウドへ、システム基盤の大きな変化を経験したことで、新たに変革に臨むお客様に対して、実体験を元に伴走することを強みとする。SAPドイツ発の新規サービスの日本展開、世界初出荷や日本初となるSAP製品の導入プロジェクト支援など、未踏の活動に積極的に参加し続けてきた経験が、現在の業務に大いに役立っている。

新井将晃

SAPジャパン株式会社
クラウドサクセスサービス事業本部
シニアコンサルタント

ソフトウェア販売会社を経て、2002年SAPジャパン入社。入社後、分析系コンサルタントとして、顧客企業のシステム導入プロジェクトをリードする他、製品管理として、新製品のリリースを担当。2017年より、S/4HANAの本社開発部門にも属し、開発全般を担当。コンセプトの普及、ソリューション改善の他、ブログ執筆、社外ワークショップを多数実施。2022年より、ビジネスコンサルティング部門に移動し、構想策定、アーキテクチャから、プロトタイプ作成までエンドツーエンドで対応。Japan SAP User GroupのGlobal Implementation部会のサポーター担当。製品の他、ドイツを中心とした世界の優れた考えを日本に紹介することで日本企業、日本社会に役立つこと、逆に日本代表として、日本の考えを伝え、貢献を示すことをテーマとしている。

古屋佑太

SAPジャパン株式会社
クラウドサクセスサービス事
業本部
プリンシパル

2019年にSAP入社後、CxOアドバイザーとして国内企業の変革に伴走。「インテリジェントエンタープライズ」実現に必要な要素(経営・事業・業務・組織・テクノロジー)を俯瞰したDX構想策定の支援に加え、新たな価値提供を体現すべく、最近はサステナビリティ案件、自社とスタートアップの協業プログラムにも携わる。SAP入社以前は、外資系コンサルティングファーム、日系大手事業会社にて、製造業を主な対象とした業務改革、システム導入、デジタルソリューション販売、M&A、新規事業開発、スタートアップ投資管理等に従事。経済産業省「攻めのIT経営銘柄」に選定されたプロジェクトの組成、推進経験も有する。これまでの(そして今後の)一貫したテーマは「デジタルでニッポンの社会、企業、人々に活力をもたらす」こと。

原注／参考文献　一覧

第1章

[1] https://inform.tmforum.org/research-and-analysis/case-studies/verizon-uses-ai-and-machine-learning-to-optimize-supply-chain-inventory/

[2] ASEANの人口動態とデジタル化
https://www.asia-u.ac.jp/uploads/files/20220331124731.pdf

[3] Zuellig Pharma SUSTAINABILITY REPORT 2021
https://www.zuelligpharma.com/images/content/about_us/sustainability/2021-GRI-Sustainabilty-Report-4-Compressed.pdf

[4] Our Data Analytics IN NUMBERS
https://www.zuelligpharma.com/images/content/news_and_thought_leadership/magazine/Zuellig-Pharma-Annual-Magazine_Our-Data-Analytics-In-Numbers.pdf

[5] 2022年7月11日、世界人口デーに国連が出したプレスリリース
https://www.unic.or.jp/news_press/info/44737/

特別企画 対談①

[1] モデルナ・セラピューティクス─"真の"デジタルバイオテクノロジー企業へ
https://www.sapjp.com/blog/archives/21113

[2] モデルナ・ジャパン社長　鈴木蘭美氏（上）─VCで創薬支援、理想と差（日本経済新聞 2023年2月8日）
https://www.nikkei.com/article/DGKKZO68281240X00C23A2TB1000/

[3] モデルナ・ジャパン社長　鈴木蘭美氏（下）─買収交渉、「ギブ」を学ぶ（日本経済新聞 2023年2月15日）
https://www.nikkei.com/article/DGKKZO68470750U3A210C2TB1000/

[4] Moderna looks to the West Coast for latest expansion（ENDPOINTS NEWS March 10, 2023）
https://endpts.com/moderna-looks-to-the-west-coast-for-latest-expansion/

第2章

[1] Arpa Industriale ホームページ
https://www.arpaindustriale.com/

[2] Past Earth Overshoot Days
https://www.overshootday.org/newsroom/past-earth-overshoot-days/

[3] World Population Prospects 2022
https://www.un.org/development/desa/pd/sites/www.un.org.development.desa.pd/files/wpp2022_summary_of_results.pdf

第3章

[1] スイスの操業短縮制度とは
https://www.swissinfo.ch/jpn/新型コロナと労働市場_スイスの短時間勤務補償制度とは/45677454

[2] 東京のDX推進強化に向けた新たな展開
https://www.digitalservice.metro.tokyo.lg.jp/tokyodx/index.html

[3] ＃シン・トセイ 都政の構造改革推進チーム（東京都公式）note
https://note.com/kouzoukaikaku/n/n21596364309c

[4] 経済産業省「日本のeスポーツの発展に向けて ～更なる市場成長、社会的意義の観点から～
https://jesu.or.jp/wp-content/uploads/2020/03/document_01.pdf

[5] The Most Valuable Esports Companies 2022
https://www.forbes.com/sites/brettknight/2022/05/06/the-most-valuable-esports-companies-2022/?sh=292d-4c8a599f

"強靭化"を目指す企業が持つべき資質とは？

Change
Readiness

2023年6月29日　第1刷発行

監　修	松井昌代（SAPジャパン）
発行者	鈴木勝彦
発行所	株式会社プレジデント社
	〒102-8641
	東京都千代田区平河町2-16-1 平河町森タワー13階
	https://www.president.co.jp/　　https://presidentstore.jp/
	電話　編集 03-3237-3733
	販売 03-3237-3731
販　売	桂木栄一、高橋 徹、川井田美景、森田 巌、末吉秀樹
執　筆	松井昌代、土屋貴広、久松正和、山﨑秀一、東 良太、桃木 継之助、
	武田倫邦、柳浦 健一郎、古澤昌宏、日下部 淳、浅井一磨、
	佐宗 龍、武笠 衞、新井将晃、古屋佑太
装　丁	鈴木美里
組　版	清水 絵理子
校　正	株式会社ヴェリタ
制　作	関 結香
編　集	金久保 徹

印刷・製本　大日本印刷株式会社